O ENSINO DAS *LUTAS* NA ESCOLA

R926e   Rufino, Luiz Gustavo Bonatto.
        O ensino das lutas na escola : possibilidades para a educação física / Luiz Gustavo Bonatto Rufino, Suraya Cristina Darido. – Porto Alegre : Penso, 2015.
        208 p. : il. ; 25 cm.

        ISBN 978-85-8429-042-0

        1. Educação Física. 2. Ensino de lutas. I. Darido, Suraya Cristina. II. Título.

CDU 796.8

Catalogação na publicação: Poliana Sanchez de Araujo – CRB 10/2094

LUIZ GUSTAVO BONATTO
RUFINO

SURAYA CRISTINA
DARIDO

O ENSINO DAS *LUTAS* NA ESCOLA
POSSIBILIDADES PARA A *EDUCAÇÃO FÍSICA*

Reimpressão 2017

2015

© Penso Editora Ltda., 2015

Gerente editorial: *Letícia Bispo de Lima*

Colaboraram nesta edição

Editora: *Priscila Zigunovas*

Assistente editorial: *Paola Araújo de Oliveira*

Capa: *Márcio Monticelli*

Imagem de capa: *©thinkstockphotos.com/Photodisc,* Full body shot of a male child as he jumps and kicks through the air

Imagens do miolo: p. 94 *Janka Dharmasena/iStock/Thinkstock*
Stephen Morris/iStock/Thinkstock
Raeva/iStock/Thinkstock
OSTILL/iStock/Thinkstock
Jupiterimages/Pixland/Thinkstock
p. 123 *Ryan McVay/Photodisc/Thinkstock*
Stephen Morris/iStock/Thinkstock
Raeva/iStock/Thinkstock
OSTILL/iStock/Thinkstock
Nicholas Piccillo/iStock/Thinkstock
Sean Barley/iStock/Thinkstock
Aloysius Patrimonio/Hemera/Thinkstock
Fuse/Thinkstock
Antonio_Diaz/iStock/Thinkstock

Ilustrações: *Juliano Dall'Agnol*

Preparação de original: *Cristine Henderson Severo*

Leitura final: *Luiza Drissen Signorelli Germano*

Editoração eletrônica: *Formato Artes Gráficas*

Reservados todos os direitos de publicação à
PENSO EDITORA LTDA., uma empresa do GRUPO A EDUCAÇÃO S.A.
Av. Jerônimo de Ornelas, 670 – Santana
90040-340 – Porto Alegre – RS
Fone: (51) 3027-7000 Fax: (51) 3027-7070

É proibida a duplicação ou reprodução deste volume, no todo ou em parte, sob quaisquer formas ou por quaisquer meios (eletrônico, mecânico, gravação, fotocópia, distribuição na Web e outros), sem permissão expressa da Editora.

Unidade São Paulo
Av. Embaixador Macedo Soares, 10.735 – Pavilhão 5 – Cond. Espace Center
Vila Anastácio – 05095-035 – São Paulo – SP
Fone: (11) 3665-1100 Fax: (11) 3667-1333

SAC 0800 703-3444 – www.grupoa.com.br

IMPRESSO NO BRASIL
PRINTED IN BRAZIL

*"Se quiser ir rápido, vá sozinho.
Se quiser ir longe, vá com alguém."*

Provérbio africano

Agradecimentos

Agradecemos a todos os professores de educação física que realizam um trabalho sério e dedicado na escola.

Em especial, gostaríamos de agradecer nominalmente aos professores Beto Colangelo, Hamilton Ferraz Sant'Ana, Karen de Araújo, Renata Costa e Telma Fernandes de Araujo pela participação e colaboração na materialização do livro a partir de um trabalho colaborativo.

Autores

Luiz Gustavo Bonatto Rufino
Professor de educação física. Especialista em Docência do Ensino Superior pela Universidade Gama Filho (UGF). Mestre em Desenvolvimento Humano e Tecnologias pela Universidade Estadual de São Paulo (Unesp) e doutorando em Ciências da Motricidade na mesma instituição.

Suraya Cristina Darido
Professora de educação física. Mestre em Educação Física e Doutora em Psicologia Escolar e do Desenvolvimento Humano pela Universidade de São Paulo (USP). Professora Adjunta do Departamento de Educação Física da Unesp. Escritora e organizadora de livros e materiais didáticos e consultora do Ministério do Esporte.

Luciana Maria Fernandes Silva (Capítulo 8)
Professora de educação física. Especialista em Docência do Ensino Superior pela Universidade Federal do Ceará (UFC). Mestre em Desenvolvimento Humano e Tecnologia pela Unesp. Professora do Magistério Superior do curso de Educação Física da UFC.

Sumário

Prefácio.. 13
Fernando Jaime González

Apresentação – uma proposta de construção coletiva 17

PARTE 1
Contextualizando o ensino das lutas

1 O conteúdo das lutas e a cultura corporal 22

2 O que são e como ensinar as lutas da escola............................. 29

3 Compreendendo as lutas da escola: para além
das modalidades 37

4 Educação física e livros didáticos 52

5 Princípios pedagógicos relevantes para o
ensino das lutas na escola.. 56

6 As lutas, os jogos de luta e os aspectos universais.................... 61

7 Classificação das lutas baseada nas distâncias,
nas ações estabelecidas e nas intenções possíveis 68

8 Propostas para o ensino da capoeira nas aulas de educação
física: possibilidades e intervenções para a prática pedagógica 74
Luciana Maria Fernandes Silva

PARTE 2
Livro didático de lutas

9 Iniciando a compreensão das lutas.. 92

10 Ações esperadas individuais e coletivas nas lutas...................... 102

11 Ações inesperadas/enfrentamento direto baseado
nas distâncias (curta, média, longa e mista) 121

12 Ações de curta distância – agarre 131

13 Ações de média distância – toque (socos e chutes)................................... 159

14 Ações de longa distância – toque intermediado por implementos 180

15 Ações mistas – agarre/toque (socos e chutes)... 190

16 Para finalizar... 198

Conclusão 203

Referências 205

Prefácio

A educação física escolar no Brasil tem passado, nas últimas décadas, por muitas e significativas mudanças, em comparação com sua história desde a inclusão no sistema de educação formal no século XIX. Muitas delas podem ser atribuídas ao denominado *Movimento Renovador* da educação física brasileira, iniciado na década de 1980 em meio à ampla mobilização social e política em prol da redemocratização do país.

Uma reivindicação central desse movimento foi elevar a educação física à condição de disciplina curricular. Tratava-se de não limitar esse componente à condição de *atividade*, no sentido de que as aprendizagens apenas se desenvolvem como produto das experiências colhidas nas vivências corporais, e sim de alinhar seu escopo curricular com os propósitos de uma instituição que tem a finalidade de transmitir às futuras gerações parte da herança científica e cultural acumulada pela humanidade, na forma de conhecimentos sistematizados que crescem em complexidade e criticidade ao longo dos anos escolares.

Nesse contexto, o *Movimento Renovador* empenhou-se em transformar a educação física em uma disciplina curricular responsável por tematizar, no âmbito escolar, o universo das práticas corporais como fenômeno cultural, assegurando aos alunos a aquisição de um conjunto de conhecimentos necessários à formação plena do cidadão.

Contudo, se esse movimento foi intenso em nível acadêmico, não teve a mesma repercussão nos espaços escolares. Diversos são os elementos que contribuem para tal configuração, entre os quais se destacam tanto as condições objetivas de trabalho dos professores da educação básica (salário, infraestrutura, falta de tempo para o planejamento, rotatividade entre as escolas) quanto problemas na formação inicial e continuada, a resistência da cultura escolar a mudanças, entre outros. Além disso, um problema não menos importante refere-se às dificuldades em produzir e sistematizar conhecimentos pedagógicos profícuos para sustentar a educação física como disciplina escolar que propicie aos estudantes experimentar, conhecer e apreciar as diferentes práticas corporais, compreendendo-as como produções culturais dinâmicas, diversificadas e contraditórias.

Nesse sentido, tenho sustentado que podemos falar de três diferentes desafios no que se refere à produção de conhecimento pedagógico para a nossa disciplina:

a) Formular um sentido para a educação física articulada à função social da escola, no contexto de uma sociedade democrática e republicana – desafios de legitimação ético-política.

b) Explicitar e organizar os conhecimentos pelos quais a disciplina é responsável – desafios curriculares.

c) Elaborar estratégias para ensinar e avaliar *velhos* e *novos* conteúdos em uma perspectiva coerente com os propósitos da educação física como disciplina escolar e com a complexidade do conhecimento pelo qual é responsável – desafios didáticos.

Este livro é uma resposta a esses desafios. Tendo como centralidade um conteúdo dificilmente abordado nas escolas, Luiz Gustavo Bonatto Rufino e Suraya Cristina Darido apresentam uma proposição para o ensino das lutas, na qual a educação física é assumida como disciplina escolar. Sugerem um tempo e um espaço no currículo da educação básica em que se deve proporcionar aos alunos a possibilidade de construir conhecimentos que lhes permitam compreender melhor o universo dessas práticas corporais no mundo contemporâneo, não se limitando a reproduzir uma ou outra modalidade de luta na forma que se apresentam no contexto social. Para isso, os autores propõem uma obra constituída de duas partes articuladas. Na primeira, encontramos os fundamentos para uma proposição de transposição didática dos conhecimentos sobre as lutas para um projeto pedagógico na escola. A segunda apresenta uma proposta didática que explicita como esses fundamentos podem ser materializados em experiências pedagógicas concretas.

Na primeira parte do livro, um dos aspectos destacados é a preocupação de que a abordagem dê conta tanto dos conteúdos procedimentais como dos conceituais e atitudinais, sugerindo formas de abordar cada um deles. Nesse sentido, os autores não se limitam a sugerir novos exercícios para serem experimentados em aula pelos alunos – novas brincadeiras! –, mas apresentam atividades para trabalhar um dos temas estruturadores dos saberes específicos da educação física, por meio da experimentação corporal, da discussão, da leitura, da reflexão e do estudo.

Também nessa parte, explicitam-se os fundamentos que levam os autores a sustentar que aprender sobre/com as lutas nessa perspectiva é diferente de vivenciar uma ou outra modalidade específica. A partir de uma ampla revisão das possibilidades de análise da lógica interna dessas práticas corporais, identificam um conjunto de características comuns que passam a utilizar como critérios organizadores das experiências corporais, para que os alunos compreendam os princípios condicionais ou invariantes presentes nos diversos tipos de lutas.

Ainda defendendo uma perspectiva de abordagem universal das lutas, no Capítulo 8, de autoria de Luciana Maria Fernandes Silva, encontra-se uma proposta para o ensino da capoeira nas aulas de educação física. Em sintonia com os princípios da obra, mas reconhecendo o valor particular dessa prática corporal para o Brasil – patrimônio cultural que, para mim, deveria ser de tematização obrigatória na educação básica do país –, este livro oferece aos professores o contato com uma proposição específica para trabalhar a capoeira nas aulas de educação física, apresentando detalhes sobre experiências ricas e diversificadas que podem ser propiciadas aos alunos para trabalhar o tema.

Na segunda parte da obra, os autores apresentam o *Livro didático de lutas*. Trata-se de um trabalho produzido com a colaboração de professores de educação física que atuam na educação básica, em que é indicada uma série de atividades para ajudar outros professores a planejar, a organizar, a guiar e a avaliar unidades didáticas que tematizem essa manifestação da cultura corporal.

Nesse sentido, a parte do trabalho que foi produto de uma pesquisa-ação e mobilizou autores e professores colaboradores merece destaque. Essa rica e laboriosa produção coletiva é um exemplo de como o trabalho conjunto de pesquisadores universitários e professores de educação básica pode criar obras singulares, com potencial para auxiliar aqueles que diariamente se empenham em fazer frutificar uma prática pedagógica consistente com as exigências de uma disciplina escolar.

Seguindo a lógica descrita na primeira parte da obra, no *Livro didático de lutas* encontramos sete unidades didáticas pensadas com base nas características universais que os autores propõem como critérios de análise das diversas modalidades que compõem o mundo das lutas. Nas unidades, além das imprescindíveis atividades que permitem aos alunos o desenvolvimento dos *saberes corporais*, são elencadas outras, nas quais as dimensões conceitual e atitudinal ganham especial relevância.

Em síntese, entendo que este é um livro de grande ajuda para professores e professoras que se desafiem a matematizar as lutas na educação física escolar. Conteúdo esse que não pode ser negligenciado por um componente curricular que busca propiciar às novas gerações os conhecimentos necessários para compreender e se envolver criticamente com a cultura corporal na sociedade contemporânea.

Parabenizo os autores pelo feito. Fica para a área o desafio de produzir obras similares que tratem dos demais temas que compõem nosso rico e diverso campo de conhecimento.

Fernando Jaime González
Mestre em Ciências do Movimento Humano
pela Universidade Federal de Santa Maria (UFSM)
Doutor em Ciências do Movimento Humano pela
Universidade Federal do Rio Grande do Sul (UFRGS)
Professor Adjunto da Universidade Regional do
Noroeste do Estado do Rio Grande do Sul (Unijuí)

Apresentação
Uma proposta de construção coletiva

Este livro é produto de um processo de construção coletiva que envolveu professores de escola, alunos de pós-graduação, professores universitários, comunidade, entre outros. Para tanto, diversos procedimentos foram adotados, desde os momentos de pesquisas, leituras, discussões, realização dos encontros com os professores participantes até a implementação das lutas nas aulas de educação física.

Muitos foram os "atores" que participaram da construção desta obra. Alguns, como protagonistas, empenharam-se sobremaneira para que ela pudesse realmente contribuir como um material de apoio ao trabalho do professor que atua na intervenção pedagógica em escolas nas aulas de educação física.

Destaca-se que, como material de apoio ao trabalho do professor, este livro pretende auxiliá-lo, a partir de proposições que objetivam relacionar possibilidades concretas de intervenção sobre o conteúdo das lutas. Buscou-se, assim, ir além da apresentação de um compêndio de atividades "prescritas" para serem "aplicadas" ou "testadas" nas aulas, ressaltando-se, para isso, a importância de o professor ressignificar as possibilidades apresentadas à luz de sua própria realidade e seu contexto de intervenção.

As atividades ora propostas e os conteúdos arrolados ao longo do livro foram desenvolvidos e pensados com o intuito de colaborar de maneira a construir uma visão ampliada e reflexiva sobre a temática das lutas, consideradas uma das manifestações que compõem a esfera da cultura corporal de movimento. Todas as atividades apresentadas foram discutidas, implementadas em aulas, ressignificadas, rediscutidas, reimplementadas e assim por diante, para que pudéssemos vislumbrar possibilidades reais de ensino das lutas no contexto escolar. Reitera-se, no entanto, que o fato de terem sido eficazes e atrativas para os professores e os alunos que participaram da implementação do material não garante, por si só, o sucesso de sua inserção em outras escolas, outras regiões e outros contextos, afinal, o processo educativo é complexo e imprevisível.

Contudo, considera-se que alguns conteúdos e algumas temáticas devam fazer parte do processo de ensino e aprendizagem de todos aqueles que passam pelas aulas de educação física, por mais diversos que sejam os contextos e por mais que alguns conteúdos propostos devam ser ressignificados didaticamente.

Ao final do processo de escolarização, o que os alunos devem ter de conhecimentos, competências e habilidades acerca do conteúdo das lutas? O que eles devem saber sobre as lutas para serem sujeitos ativos e críticos? O que devem saber para usufruírem do mundo e realizarem uma leitura crítica da realidade? E, finalmente, no que o conteúdo das lutas pode colaborar para a formação, em seu sentido mais amplo, de pessoas críticas, autônomas e emancipadas que possam intervir consciente e criticamente no mundo em que vivem?

Enfim, aprender sobre as lutas torna-se fundamental a partir do momento em que as compreendemos como conteúdos pertencentes à esfera da cultura corporal, cuja importância histórica e social deve ser evidenciada e contemplada pela escola. Para Soares et al. (1992, p. 39), existe uma cultura corporal que é "[...] resultado de conhecimentos socialmente produzidos e historicamente acumulados pela humanidade que necessitam ser retraçados e transmitidos para os alunos na escola".

Considera-se, no entanto, que as formas didáticas nas quais as atividades estão baseadas não necessariamente precisam ser seguidas da maneira como foram propostas, ficando a cargo do professor, da equipe gestora, dos alunos, entre outros, a proposição de novas formas de tratamento didático desses conteúdos.

Além disso, é fundamental que haja parâmetros e referenciais nos quais os professores possam se apoiar e que possam criticar e utilizar de maneira reflexiva, uma vez que os livros e outros materiais didáticos podem contribuir para o melhor desenvolvimento da prática pedagógica. Ademais, esses materiais podem facilitar e ajudar o professor que, muitas vezes, não tem um aprofundamento sistemático em todas as diversas manifestações que compõem a cultura corporal e em todas as diversas maneiras de se compreender esses conteúdos, sobretudo quando se inserem as lutas no contexto escolar. Finalmente, é sempre importante possibilitar uma ampliação no repertório de atividades e proposições que vislumbre maneiras de diversificar o trato pedagógico dos conteúdos da educação física na escola.

Temos clareza de que as proposições apresentadas não são as únicas possíveis e podem sofrer inúmeras alterações de acordo com os contextos nos quais os professores estão inseridos. Nossa intenção com esta obra é auxiliar tanto os professores que não têm extensos conhecimentos sobre o conteúdo das lutas, mas que consideram importante que façam parte da prática pedagógica das aulas de educação física, quanto aqueles que têm experiências prévias, seja no estudo ou na prática das lutas.

Ressaltamos, também, que a opção pela utilização dos jogos de luta representa um meio para o ensino das lutas na escola, haja vista que, por uma série de questões, muitas vezes é inviável aos professores ensinar grande parte das modalidades existentes. Além disso, os jogos apresentam potenciais pedagógicos importantes e que devem ser explorados, inclusive para o ensino das lutas na escola.

A implementação das lutas na escola permitirá aos alunos uma ampliação de seus conceitos sobre essas práticas corporais e de suas visões de mundo, a fim de que ultrapassem a dimensão procedimental, o "saber fazer" classicamente vinculado às aulas de educação física, e que possam ir além do ensino das modalidades, como veremos nas atividades da segunda parte deste livro.

Cabe ainda destacar uma última informação. Em diversos momentos do livro é possível ver o termo "lutas" sucedido tanto pelas expressões "da escola" quanto "na escola". A área da educação física tem investido há mais de vinte anos na utilização dessa diferenciação, sobretudo ao analisar outras práticas, como os esportes. A ideia aqui é que quando apresentamos as lutas "na escola" estamos transpondo a forma como as lutas são apresentadas na sociedade (na mídia, nas academias, clubes, etc.) para a escola, sem a devida atenção aos processos educativos necessários para a ampliação das visões de mundo dos educandos. Por outro lado, ao pensarmos nas "lutas da escola" estamos assumindo que neste ambiente as lutas precisam ser construídas de modo pedagógico, estando em consonância com os pressupostos dessa instituição, ou seja, não são quaisquer lutas, mas formas adaptadas e contextualizadas ao âmbito escolar. Ou seja, o próprio título do livro, ao assumir o ensino das lutas na escola reforça que esse processo deve estar de acordo com olhares pedagógicos, gerando possibilidades para as aulas de educação física nos mais diversos contextos.

Como admitiu Bruce Lee (2003, p. 9) em seu livro intitulado *O Tao do Jeet Kune Do*: "Este livro é dedicado ao artista marcial livre e criativo. Aproveite o que lhe for útil e se desenvolva a partir disso". Parafraseando essa ideia, podemos afirmar que este livro foi escrito por e para professores interessados em aprender a ressignificar novas maneiras de abordar o conteúdo das lutas nas aulas de educação física escolar. Esperamos que ele possa contribuir com novos olhares para a prática pedagógica das lutas. Boa leitura a todos.

PARTE 1

Contextualizando o ensino das lutas

1

O conteúdo das lutas e a cultura corporal

As lutas fazem parte da cultura corporal, ou seja, são práticas historicamente importantes e que acompanharam os seres humanos ao longo do tempo, sendo uma das mais elementares manifestações dessa cultura. Assim como as danças, as atividades rítmicas, os esportes, os jogos, as atividades circenses, as ginásticas, dentre outras, as lutas são manifestações inseridas na esfera da cultura corporal, fazendo parte do modo de ser das pessoas e das sociedades de diferentes formas, ao longo da história. É preciso permitir ao aluno o contato e vivências significativas com esses conteúdos, possibilitando-os articular reflexões críticas sobre essas práticas e sobre o mundo em que vivem.

Darido e Souza Júnior (2007) destacam que a área da educação física escolar ultrapassa a ideia de estar voltada apenas para o ensino do gesto motor correto, que, por sua vez, também não precisa ser desconsiderado. Porém, muito mais do que isso, cabe ao professor de educação física problematizar, interpretar, relacionar e analisar com seus alunos as amplas manifestações da cultura corporal, de tal forma que estes compreendam os sentidos e os significados impregnados nas práticas corporais.

Ao longo dos anos, a concepção de educação física dentro do âmbito escolar foi se modificando. Para Soares (1996), por exemplo, a educação física na escola é um espaço de aprendizagem e, portanto, de ensino. A autora afirma que historicamente a educação física ocidental moderna tem ensinado o jogo, a ginástica, as lutas, a dança, os esportes. Esses são "[...] conteúdos clássicos que permaneceram ao longo do tempo transformando inúmeros de seus aspectos, para se afirmar como elementos da cultura, como linguagem singular do homem no tempo" (SOARES, 1996, p. 11).

Na clássica obra da área da educação física intitulada *Metodologia do ensino da educação física*, a temática das lutas e da capoeira (designada de forma separada) também aparece. De acordo com Soares et al. (1992, p. 38, grifo nosso):

> [...] a perspectiva sobre a cultura corporal [...] busca desenvolver uma reflexão pedagógica sobre o acervo de formas de representação do mundo que o homem

tem produzido no decorrer da história, exteriorizadas pela expressão corporal: jogos, danças, **lutas**, exercícios ginásticos, esporte, malabarismo, contorcionismo, mímica e outros, que podem ser identificados como formas de representação simbólica de realidades vividas pelo homem, historicamente criadas e culturalmente desenvolvidas.

Há também a visão apresentada pelos Parâmetros Curriculares Nacionais (PCNs). De acordo com esse referencial, a educação física pode ser entendida "[...] como uma área que trata de um tipo de conhecimento, denominado de Cultura Corporal de movimento e que tem como temas o jogo, a ginástica, o esporte, as **lutas,** a dança, a capoeira e outras temáticas" (BRASIL, 1998, p. 26, grifo nosso). Para esse documento, as lutas são disputas em que o(s) oponente(s) deve(m) ser subjugado(s), com técnicas e estratégias de desequilíbrio, contusão, imobilização ou exclusão de um determinado espaço na combinação de ações de ataque e defesa.

Finalmente, destacamos a visão de Betti (2009) que também ressalta a temática das lutas em sua conceituação sobre a educação física na escola. Para esse autor, a educação física na escola é:

> [...] uma disciplina que tem por finalidade propiciar aos alunos a apropriação crítica da cultura corporal de movimento, visando a formar o cidadão que possa usufruir, compartilhar, produzir e transformar as formas culturais do exercício da motricidade humana: jogo, esporte, ginásticas e práticas de aptidão física, dança e atividades rítmicas/expressivas, **lutas/artes marciais**, práticas alternativas. (BETTI, 2009, p. 64, grifo nosso).

Nas propostas apresentadas, fica evidente a inserção da temática das lutas como um importante conteúdo a ser ensinado nas aulas de educação física na escola, como uma das práticas que compõem o universo da cultura corporal (ou cultura corporal de movimento). É necessário compreender, no entanto, os processos didáticos e metodológicos que contribuem para a efetivação do processo de ensino e aprendizagem das lutas na escola.

Se, como afirmou Mauri (2001), a construção do conhecimento é uma atividade mediada culturalmente, devido à natureza dos instrumentos utilizados em seu processo de elaboração, então, toda atividade humana é mediada pela incorporação de símbolos e signos com significado cultural, e aqui se inclui também o lutar. Portanto, as lutas são parte integrante e constituinte da cultura corporal dos seres humanos e, por isso, devem ser ensinadas também na escola, nas aulas de educação física.

Todavia, há ainda muitas incertezas sobre quais são as práticas relacionadas às lutas que devem ser efetivamente selecionadas para as aulas de educação física na escola e quando isso deve ocorrer nos espaços e nos tempos escolares, compondo o currículo deste componente escolar. Sabe-se que as lutas são importantes, porém, faltam ainda proposições e indicações de possibilidades de abordar essas manifestações na escola, indicando quando ensiná-las, como ensiná-las e, principalmente, o que ensinar das lutas ao longo do processo de escolarização.

Esse fato é exemplificado com a inserção da temática das lutas muitas vezes em anos escolares dispersos ou séries espaçadas, sem uma sequência lógica explicitada para o ensino desses conteúdos. Ora, precisamos ter um mínimo de compreensão para sabermos o que e como ensinar as lutas ao longo dos diferentes ciclos de escolarização. Exemplificando: quais as principais diferenças e semelhanças entre ensinar as lutas no 1º ano do ensino fundamental e na última série do ensino médio? Perguntas como essa requerem ainda ampla análise na área da educação física, e a clareza nesse processo de sistematização poderá auxiliar a prática pedagógica a partir de saltos qualitativos ainda necessários.

ALGUMAS DIFICULDADES E EMPECILHOS PARA AS LUTAS NAS AULAS DE EDUCAÇÃO FÍSICA

Durante a prática pedagógica, muitos professores admitem terem dificuldade na implementação de conteúdos relacionados às manifestações das lutas. Por que há ainda tantas dificuldades na inserção das lutas na escola?

Segundo Carreiro (2005), dentre os conteúdos que podem ser apresentados na educação física escolar, as lutas encontram maior resistência por parte dos professores, com argumentos como: falta de espaço, falta de material, falta de vestimentas adequadas e associação às questões de violência. O autor sugere ainda que o professor que não conhece o conteúdo das lutas adequadamente pode também aprender sobre ele em livros, revistas, internet e até mesmo com os próprios alunos.

Aprender com os alunos e se atualizar é certamente uma prerrogativa indispensável para qualquer professor. Contudo, é comum ainda a existência de cursos de educação física que formam profissionais com pouquíssimos conhecimentos específicos sobre os conteúdos das lutas.

Barros e Gabriel (2011), de maneira semelhante, admitem que há diversos motivos para que os professores de educação física não insiram o conteúdo das lutas em suas aulas, desde a errônea associação dessa temática com a violência, como a falta de materiais, roupas e espaços adequados. Os autores acreditam, no entanto, que a maior dificuldade está na insegurança em relação ao tratamento desse tema, pelo fato de os professores considerarem erroneamente que é necessário ser ou ter sido um praticante de alguma modalidade para desenvolvê-la na escola.

A proposta curricular do estado do Maranhão (2009) afirma que não é possível esperar que o professor de educação física domine todas as formas de manifestação da cultura corporal. Isso não significa que o professor deva trabalhar em suas aulas apenas conteúdos com os quais tenha familiaridade ou pleno conhecimento. Com as lutas isso não é diferente. A proposta reconhece que muitas vezes a falta de uma disciplina sobre lutas no currículo dos cursos superiores de educação física constitui um problema para o ensino deste conteúdo. Há, ainda, o preconceito em virtude da relação entre luta e comportamento violento, bem como a dificuldade técnica dos seus movimentos (MARANHÃO, 2009).

Del Vecchio e Franchini (2006), nessa mesma perspectiva, consideram que a dificuldade em tratar os conteúdos das lutas na escola deve-se, em grande parte, à formação do profissional de educação física, que, em muitos casos, frequenta uma graduação deficiente em relação a esses conteúdos, restringindo-se a apenas uma modalidade (como judô, caratê ou capoeira), ou nem mesmo havendo a presença desses conteúdos no ensino superior.

Até mesmo quanto aos professores universitários que ministram esses conteúdos há algumas considerações, quando comparados aos docentes de outras disciplinas. Para Del Vecchio e Franchini (2006), a maior parte dos docentes que ministram conteúdos de lutas nas universidades teve contato direto com esses conteúdos na qualidade de praticante.

Se, por um lado, essa característica ameniza o problema do domínio de conhecimentos específicos por parte de quem vai transmiti-los, por outro, essa não é uma prática comum em relação ao ensino de outras disciplinas, como fisiologia do exercício, biomecânica e aprendizagem motora, por exemplo, que são disciplinas ministradas, na maioria das vezes, por docentes que as estudaram como tópico central em seus programas de pós-graduação (DEL VECCHIO; FRANCHINI, 2006).

Ainda para os autores, essa característica dos docentes de lutas pode trazer outro problema: o do direcionamento da disciplina para um único estilo ou uma modalidade de luta. Desse modo, o ensino da temática das lutas torna-se restrito àquelas pessoas que tiveram contato com esse conteúdo, ou seja, praticantes ou ex-praticantes. Reitera-se, no entanto, que, mesmo assim, a tendência é que essas pessoas ensinem apenas a modalidade na qual tiveram mais contato, utilizando como recurso principal unicamente as suas experiências como ex-praticantes/atletas, e não conhecimentos científicos inovadores que permitam compreender os aspectos pedagógicos do ensino das lutas na escola.

O professor que ensinará as lutas no ensino superior é, portanto, de fundamental importância à disseminação de proposições críticas acerca do ensino desses conteúdos na escola, uma vez que é um dos responsáveis por formar o professor da educação básica. Com relação aos professores de educação física escolar, de acordo com Carreiro (2005), espera-se que eles se sintam capacitados a apresentar mais uma forma de expressão da cultura corporal, que é a temática das lutas, não sendo necessário ter formação em nenhuma modalidade específica (ser faixa preta de alguma modalidade, p. ex.).

Portanto, não é necessário que o professor de educação física escolar tenha profundos conhecimentos das lutas para que possam ser tratadas durante as aulas, contanto que o docente tenha uma formação que o possibilite ter contato com esses conteúdos, como os conceitos básicos, as formas de ensinar e assim por diante.

Não podemos deixar de lado o lastro histórico tradicionalmente relacionado à prática pedagógica da educação física na escola, fortemente influenciado pela tendência esportivista que tem, em algumas modalidades esportivas, os únicos conteúdos que devem fazer parte dos processos de ensino e aprendizagem. De acordo com os PCNs (BRASIL, 2000), a educação física na escola, de modo geral, possui uma forte inclinação ao trabalho com os esportes, não permitindo que sejam tratadas outras manifestações da cultura corporal durante as aulas. Kunz (1994) afirma que o esporte, como conteúdo hegemônico das aulas de educação física, impede o desenvolvimento dos outros elementos da cultura corporal. Esse de fato é um entrave que o conteúdo das lutas perpassa para se inserir como uma prática legitimada nas aulas de educação física.

Todos esses fatores podem ser considerados como empecilhos para o ensino do conteúdo das lutas na escola. Para Rosário e Darido (2005), muitos conteúdos não são ministrados nas aulas de educação física porque os professores não os dominam ou se sentem inseguros ou se julgam despreparados para ensiná-los, além da resistência dos alunos às atividades que fogem dos tradicionais esportes coletivos. Para os autores, "[...] as atividades mais apontadas como não utilizadas são **as lutas**, as atividades rítmicas e a dança, conteúdos de pouca tradição dentro do universo histórico recente da educação física na escola" (ROSÁRIO; DARIDO, 2005, p. 177, grifo nosso).

Porém, é importante ampliar os conteúdos a serem ensinados na educação física escolar, já que as aulas geralmente concentram o ensino nos conteúdos mais tradicionais de alguns esportes coletivos. Para Pereira e Silva (2004, p. 76), "[...] ao se incluírem conteúdos, como ginástica, dança e lutas, além de outros esportes, estar-se-ia contribuindo com a formação multifacetária dos escolares. Seriam novos conteúdos propiciando novas perspectivas culturais". A partir desse enfoque, torna-se fundamental incluir temáticas como as lutas nas aulas de educação física.

Além dos problemas em relação à formação profissional e à grande influência da concepção esportivista para o ensino da educação física, há também outro agravante com relação ao ensino dos conteúdos das lutas. A escassez no número de produção científica na área é um fator muito importante a ser considerado também. Essa carência de produção científica foi analisada por Correia e Franchini (2010). Os autores realizaram um estudo em que descreveram a questão da produção acadêmica em lutas, artes marciais e modalidades de combate no Brasil.

Para isso, eles analisaram 11 periódicos nacionais no período de 1998 até 2008. A escolha dos periódicos baseou-se no questionamento sobre quais periódicos eram utilizados para pesquisas nessa área a 17 profissionais/estudantes envolvidos com as lutas. Além disso, optou-se iniciar em 1998, pois foi nesse ano que a profissão de educação física foi regulamentada por lei (a lei número 9.696 de primeiro de setembro de 1998), e, conjuntamente, foi criado o Conselho Federal de Educação Física (CONFEF). Os resultados indicam que, do total de 2.561 trabalhos publicados naqueles periódicos ao longo desse tempo, apenas 75 (2,93%) abordavam a temática das lutas, artes marciais e modalidades esportivas de combate em seu título, seu resumo ou suas palavras-chave (CORREIA; FRANCHINI, 2010).

Os autores constataram um predomínio dos estudos conduzidos na área de biodinâmica, tendo 40% do total de estudos da área, seguidos pelos estudos socioculturais do movimento humano, com 32%, e comportamento motor, com 8%. Nas áreas de caráter mais aplicado, a pedagogia do movimento humano teve 10,7%, o treinamento esportivo teve 8%, a administração esportiva teve 1,3%, e a adaptação do movimento humano não teve nenhum estudo produzido. Esses resultados apontam para um baixo número de artigos voltados a lutas, artes marciais e modalidades esportivas de combate. Dentre as modalidades mais pesquisadas, estão o judô e a capoeira, duas modalidades bastante tradicionais no Brasil.

Ainda para Correia e Franchini (2010), a compreensão da multidimensionalidade dessas manifestações corporais implica a mobilização de saberes das mais diversas áreas. Portanto, é necessário que haja mais pesquisas, principalmente nas áreas com menor número de produção, como é o caso da área da pedagogia do movimento humano, relacionada à educação física escolar, e que essas pesquisas tenham procedimentos metodológicos especializados e que possam chegar a uma parcela maior de pessoas que estão atuando, ou seja, intervindo na prática pedagógica como professores.

Há certamente um conjunto de fatores intrinsecamente relacionados em um *continuum* que vai desde a formação profissional deficiente em relação a esses conteúdos, até o preconceito que ainda existe em relação a determinadas modalidades, passando pela falta de infraestrutura das escolas, o apoio da direção e até as expectativas dos alunos e da comunidade em geral sobre qual é o papel da educação física na escola.

Porém, isso não significa que essa situação deva ser mantida. É direito dos alunos se apropriarem desses conteúdos ao longo dos anos de educação formal dentro da escola, e é dever do professor ensinar esses conteúdos, não pautados em apenas uma ou outra modalidade. Mais ainda, é dever da escola, por meio de seu Projeto Político Pedagógico, inserir esses conteúdos nas aulas de educação física. A prerrogativa que se abre não é mais se é possível ou não ensinar esses conteúdos, e sim o que e como ensinar esses conteúdos durante as aulas.

Primeiramente, deve-se ter claro que a função da escola não é formar atletas, muito menos lutadores e/ou competidores de uma ou outra modalidade. Deve-se prezar, a princípio, pela formação do cidadão que vai se apropriar da cultura corporal em suas diferentes formas de manifestação, sendo as lutas uma dessas manifestações. Visa-se, com isso, a formação de pessoas éticas e autônomas (BRASIL, 1998).

Portanto, a importância da escola vai além da simples apropriação ou execução de golpes, movimentos e gestos técnicos considerados corretos e destituídos de significados para os alunos. Sendo assim, ensinar as lutas é muito mais do que ensinar os alunos a submeterem seus companheiros por meio de golpes ou movimentos de oposição; ensinar as lutas transcende os movimentos e gestos. Ensinar essas manifestações é ampliar a visão sobre elas, possibilitando que sejam adquiridas novas visões e novos olhares a respeito dessa temática. Isso só é possível por meio da compreensão sobre as lutas e a partir da ampliação dos conteúdos a serem ensinados na escola.

ALGUMAS PROPOSTAS PARA O ENSINO DAS LUTAS NA ESCOLA

Como exemplo da inserção desses conteúdos na escola, há a proposição de Darido e Souza Júnior (2007), que incluem essa temática como um possível conteúdo a ser ensinado na escola. Os autores ilustram algumas vivências, reflexões, jogos e brincadeiras sobre essas práticas, permitindo que os professores de educação física escolar (mesmo aqueles que têm menos contato com essa temática) possam trabalhar com as lutas por meio de diferentes formas e vivências.

Os autores propõem ainda que sejam tratadas outras questões além das vivências de jogos, brincadeiras e outras dinâmicas, como: conceituação de algumas modalidades de lutas, a história de determinadas práticas, a questão da diferença entre lutar e brigar, algumas curiosidades sobre as lutas, entre outras questões.

Barros e Gabriel (2011) buscam desmistificar a visão de que é necessário ser ou ter sido praticante de uma ou mais modalidades de luta para poder ensiná-las na escola com propriedade, argumentando que todo professor pode tratar as lutas na escola, mediante pesquisas e outros recursos. Para isso, os autores apresentam uma série de propostas de atividades práticas com relação ao conteúdo das lutas nas aulas de educação física, com vivências, discussões, leituras, apresentação de curiosidades, etc.

Outro exemplo de inserção das lutas na escola é proposto por Olivier (2000) na obra *Das brigas aos jogos com regras: enfrentando a indisciplina na escola*. Nesse livro, o autor propõe o trato da indisciplina na escola por meio da utilização de jogos baseados em regras predefinidas que contribuam para a busca pela socialização.

Olivier (2000) divide os jogos de oposição em seis formas de classificação diferentes, de acordo com questões referentes ao nível motor, socioafetivo e cognitivo. São elas: jogos de rapidez e de atenção; jogos de conquista de objetos; jogos de conquista de territórios; jogos para desequilibrar; jogos para reter, imobilizar e livrar-se; e jogos para combater.

A partir dessa divisão, o autor propõe uma série de atividades práticas para o trato da indisciplina na escola, embora seja preciso deixar clara a importância da intervenção do professor no que se refere a essas questões. No entanto, são enfocados os jogos provenientes de duas modalidades específicas – a luta (*wrestling*) e o judô (OLIVIER, 2000).

O professor só pode ensinar aquilo que conhece, que lhe é familiar, aquilo sobre o qual tem domínio, mas, sobretudo, só ensinará aquilo que for verdadeiro e válido a seus próprios olhos (FORQUIN, 1993). Sem conhecer e compreender as lutas como um fenômeno plural e abrangente, o seu ensino continuará sendo negado aos alunos, mesmo com a presença dessas práticas em propostas curriculares em obras da área da educação física.

É claro que esse processo de ressignificação dos papéis do conteúdo das lutas na escola não será realizado de uma hora para outra, como se os professores pudessem, em instantes, transformar padrões cristalizados de não inserção deste conteúdo no ensino formal. Contudo, são necessárias iniciativas que possam contribuir com a valorização do ensino das lutas na escola, desde perspectivas de desenvolvimento da formação inicial, assim como a importância de ações de formação continuada e a implementação de materiais didáticos sobre as lutas que possam auxiliar os professores que efetivamente estão intervindo na escola.

2

O que são e como ensinar as lutas da escola

Propostas por Coll et al. (2000), as três dimensões dos conteúdos são uma forma de ampliar a visão sobre as possibilidades de se conceber os conteúdos que devem ser ensinados na escola, expandindo, assim, o papel da educação, indo além de uma ou outra dimensão. Coll et al. (2000) classificam os conteúdos em três dimensões, cada uma respondendo a um questionamento:

- *O que se deve saber?* (dimensão conceitual);
- *O que se deve fazer?* (dimensão procedimental);
- *Como se deve ser?* (dimensão atitudinal).

Zabala (1998) considera que a determinação das finalidades ou dos objetivos da educação, sejam explícitos ou não, é o ponto de partida de qualquer análise da prática. O autor afirma que, para se entender a prática educativa, é necessário que se busquem alguns instrumentos mais definidos. Além da resposta à pergunta "por que ensinar?", deve-se acrescer a resposta a "o que ensinar?".

Para Zabala, "conteúdos de aprendizagem" é o termo genérico que responde à pergunta "o que ensinar?". Mas o que seriam os conteúdos? Este autor entende que conteúdos, de uma maneira ampla, devem ser compreendidos como tudo quanto se tem de aprender para alcançar determinados objetivos que não apenas abranjam as capacidades cognitivas, mas também incluam as demais, como as capacidades motoras, afetivas de relação interpessoal e de inserção social (ZABALA, 1998).

Zabala (1998) afirma que a proposição de Coll et al. (2000) tem uma grande potencialidade explicativa dos fenômenos educativos. Em outro estudo, Zabala (2001) aponta também que a distribuição ou o agrupamento de conteúdos em três tipos são um instrumento chave para determinar, em primeiro lugar, as ideias subjacentes a qualquer intervenção pedagógica a partir da importância que esta atribui a cada um dos diferentes tipos de conteúdos e, em segundo lugar, para avaliar sua potencialidade educativa.

Dessa forma, compreende-se que a temática das lutas, a partir do momento em que é inserida na esfera da cultura corporal, também deve apresentar uma ampliação no que corresponde a seu tratamento pedagógico dentro da escola. Não só compreendendo os aspectos da dimensão procedimental, mas também tudo aquilo que esteja relacionado às dimensões conceitual e atitudinal.

Para Darido e Rangel (2005), historicamente, a educação física priorizou os conhecimentos da dimensão procedimental, o saber fazer corporal vinculado comumente às aulas deste componente curricular, e não o saber sobre a cultura corporal ou como se relacionar nas manifestações dessa cultura ou, ainda, os valores e as atitudes relacionados a ela.

Esse lastro histórico provocou desdobramentos visíveis atualmente, como com relação à dificuldade de inserção de materiais didáticos que abranjam outras formas de se tratar os conteúdos para além da dimensão procedimental, abordando também conceitos, normas, regras, atitudes, valores, entre outras questões relacionadas às dimensões dos conteúdos.

No entanto, quando se apropria da concepção de dimensões dos conteúdos para a prática pedagógica, é exigido do professor um conhecimento mais ampliado, que vai além da fundamentação dos processos de ensino e aprendizagem simplesmente para apenas uma das dimensões. Isto é, é necessário que o professor saiba ensinar o saber fazer da dimensão procedimental, bem como as questões conceituais que estão integradas na dimensão conceitual e, finalmente, atitudes, valores e normas que se relacionam didaticamente à dimensão atitudinal.

Essa prerrogativa evidencia, mais uma vez, a importância da formação, tanto inicial quanto continuada, para que o professor tenha um amplo espectro de saberes das mais diversas dimensões, para que possa fundamentar sua prática pedagógica em uma perspectiva mais ampla e que possibilite o trato didático das dimensões dos conteúdos.

Especificamente sobre o conteúdo das lutas, há uma infinidade de possibilidades apresentadas para relacionar, de maneira efetiva e integrada, as dimensões dos conteúdos durante os processos de ensino e aprendizagem. Exige-se, conforme discutido anteriormente, que o professor tenha conhecimentos acerca deste conteúdo, bem como noções sobre didática, para que seja possível ir além de uma concepção instrumental, fundamentando suas ações em uma concepção ampliada e crítica e enriquecendo sua prática pedagógica.

A seguir, damos alguns exemplos de como tratar pedagogicamente o conteúdo das lutas em cada uma das três dimensões dos conteúdos durante a prática pedagógica da educação física.

DIMENSÃO PROCEDIMENTAL

A dimensão procedimental é entendida por Zabala (2001) como o conjunto de ações ordenadas destinadas à consecução de um fim, estando configurado por ações e podendo ser considerado dinâmico em relação ao caráter estático dos conteúdos conceituais. A aprendizagem de procedimentos implica, então, a aprendizagem de ações, e isso comporta atividades que se fundamentem em sua realização.

A aprendizagem dos procedimentos implica a aprendizagem das ações, ou seja, os fazeres práticos, os procedimentos, bastante evidentes durante as aulas de educação física. O "saber fazer" da dimensão procedimental implica que não se deve apenas realizar os movimentos, e sim saber os motivos de realizá-los, seja durante o aquecimento, o alongamento, o desenvolvimento das aulas ou a volta à calma. Ao propor que os conteúdos das outras dimensões sejam enfatizados, não se pretende diminuir a importância e o significado da dimensão procedimental, e sim integrá-la ao processo de ensino e aprendizagem mais abrangente e significativo.

Não queremos decorrer ao erro de desconsiderar a questão da técnica e da correta execução dos movimentos, por exemplo, nem valorizá-la excessivamente a ponto de conceber o ensino somente em uma perspectiva procedimental. Para Rodrigues e Darido (2008, p. 149), as técnicas devem ser compreendidas como um "[...] patrimônio a ser transmitido aos alunos, pois são movimentos construídos historicamente, são produtos de uma dinâmica cultural que podem ser preservados". Portanto, tanto a técnica como as demais questões que compõem a dimensão procedimental não devem ser excluídas ou renegadas durante as aulas, mas sim contextualizadas em prol da possibilidade de aprendizagens significativas para os alunos.

De acordo com Bento (2008), a técnica é um amparo que compensa a vulnerabilidade e a debilitação do ser humano e amplia a possibilidade de escolha e a capacidade de ação, sendo, por isso, instrumento auxiliar da autonomia e da liberdade.

É claro que isso depende da forma como são ensinadas essas técnicas. Se forem baseadas em incessantes repetições destituídas de significados, provavelmente elas serão vazias e sem graça para os alunos na escola, ao passo que, se ancoradas em um processo de subjetividade centrado nas singularidades dos indivíduos, elas podem contribuir para o processo de emancipação deles. Para Kunz (1994), o movimento, desprovido da subjetividade de quem o realiza, é fator de alienação. Sendo assim, o processo de ensino e aprendizagem das lutas na escola deverá se concentrar na pessoa que se movimenta, e não nos movimentos desta, considerando os interesses, os sentidos e os significados que cada pessoa atribui aos seus movimentos.

Daólio e Velozo (2008) afirmam que é preciso compreender os diversos contextos para o ensino, construindo um caminho pedagógico específico para os objetivos propostos de acordo com cada contexto. Os autores alertam que a pedagogia do esporte precisa refutar o modelo meramente instrumental de técnica e recuperar a dimensão simbólica e inerente às práticas tradicionais humanas.

Portanto, a técnica deve estar relacionada com outras dimensões humanas, como os nossos sentidos, os fatores subjetivos e as intencionalidades. Assim, podemos ampliar as perspectivas de ensino da dimensão procedimental, permitindo a ela ser significativamente importante, possibilitando o se movimentar dos alunos de maneira singular e significativa, a que eles possam dar seus próprios sentidos e gerar atitudes que sejam críticas e criativas sobre suas próprias realidades. Mais do que isso, possibilitando que os alunos possam conhecer, vivenciar, praticar e agir a partir de conhecimentos significativos sobre a dimensão procedimental.

A dimensão procedimental do ensino das lutas na escola corresponde, então, ao saber fazer, ou seja, os procedimentos, os movimentos e os gestos técnicos realizados nas modalidades, tanto individuais quanto em dupla e/ou grupo, correspondendo, assim, a tudo que se relaciona ao saber fazer. Exemplos da dimensão procedimental nas aulas de educação física abrangendo o tema das lutas também são muito variados, como: vivências relativas a questões de oposição, ganho ou perda de espaço, quedas, atividades individuais, como simulação de técnicas de chutes e socos, atividades em dupla, em grupos (como o tradicional cabo de guerra), realização de brincadeiras e jogos pré-desportivos relacionados à temática das lutas, dentre outras muitas possibilidades ilustradas, sobretudo, na segunda parte deste livro.

DIMENSÃO CONCEITUAL

Para Zabala (2001), os conteúdos conceituais são termos abstratos e dificilmente podem se restringir a uma definição fechada, pois requerem certas estratégias didáticas que promovam uma ampla atividade cognoscitiva do aluno, colocando-o em experiências ou situações que induzam ou potencializem essa dimensão. Deve-se destacar, ainda, o caráter nunca acabado, e sempre em nível de desenvolvimento da aprendizagem, de conceitos e princípios.

Isso exige dos professores atualizações e leituras a respeito do que mudou e do que se mantém, até mesmo no que corresponde às questões históricas, que exigem estudo e análise apurada. Ensinar conceitos durante a prática pedagógica das lutas é ensinar além das técnicas e dos golpes em si, assim como é ampliar a visão de mundo dos alunos acerca desses conteúdos e da prática educativa, de maneira geral, compreendendo conceitos, aspectos históricos, informações, entre outros.

A dimensão conceitual do ensino das lutas na escola deve abranger os aspectos históricos, conceituais e normativos destas práticas. Breda et al. (2010) afirmam que, no ensino das lutas, o conhecimento histórico se faz essencial, pois somente ao conhecer a origem e o percurso delas, é possível compreender de forma ampla sua inserção atual nas diferentes culturas, como a brasileira.

Em um universo tão rico em significados simbólicos, deixar de abranger essa dimensão é não permitir ao aluno o acesso a conhecimentos que lhe seriam de grande valia, tanto para a compreensão da própria prática, quanto para a apropriação mais crítica e reflexiva sobre a modalidade em questão.

De acordo com Escobar (1997, p. 149) "[...] a educação física não pode centrar seus objetivos no domínio das técnicas de execução das diferentes atividades corporais sem promover a leitura das visões de mundo transmitidas socialmente por elas". Ou seja, há uma forte relação entre a dimensão conceitual e a apropriação crítica promovida pelos processos de ensino e aprendizagem dos conteúdos correspondentes à prática educativa.

A dimensão conceitual dos conteúdos é parte integrante do processo de ensino e aprendizagem, o que sugere a necessidade de valorização desta dimensão, ascendendo-a à condição de importância que deve ter durante a prática educativa dos alunos. Não é um "anexo" que pode ou não ser abordado, mas é conteúdo e precisa ser ensinado, ainda mais em uma prática corporal complexa e plural como as lutas e que apresenta inúmeras relações possíveis sobre essa dimensão.

Dessa forma, a dimensão conceitual do ensino das lutas poderia abranger os aspectos dos conceitos sobre as diferentes modalidades, suas regras, seus estudos e suas análises sobre as corretas formas de se realizar determinados movimentos, fatos históricos sobre as diferentes modalidades, dentre outras possibilidades. Reconhecemos aqui que ainda existe muita dificuldade em selecionar o que é realmente relevante acerca da dimensão conceitual para o ensino dos conteúdos da educação física na escola e, mais especificamente, como no caso deste livro, sobre o ensino das lutas.

Como exemplos da dimensão conceitual dos conteúdos no ensino das lutas na escola, podemos considerar questões como: diversos tipos de modalidades existentes, formas de classificação das modalidades, diferentes origens para as diversas práticas, regras de determinadas modalidades, análise das modalidades consideradas olímpicas, pesquisas de práticas desconhecidas, conceitos biomecânicos e fisiológicos envolvidos, como a melhor forma de aplicação de alguns golpes e formas de se treinar essas modalidades, dentre inúmeras outras possibilidades. Abordaremos, na segunda parte deste livro, uma série de possibilidades de relação da dimensão conceitual com a prática pedagógica das lutas na escola.

DIMENSÃO ATITUDINAL

Para Zabala (2001), a dimensão atitudinal relaciona-se aos conteúdos referentes a valores, normas e atitudes subjacentes à prática educativa. Os processos de ensino e aprendizagem devem abranger, ao mesmo tempo, os campos cognoscitivos, afetivos e comportamentais, em que o componente afetivo adquire uma importância fundamental, pois aquilo que a pessoa pensa, sente e como se comporta não depende apenas do que está socialmente estabelecido, mas, sobretudo, das relações pessoais que cada indivíduo estabelece com o objeto da atitude ou valor.

A aprendizagem dos conteúdos atitudinais transcende o âmbito estrito de determinadas atividades, abrangendo campos e aspectos que se relacionam tanto com atividades concretas, como com a forma como são efetuadas e com as relações pessoais e afetivas que nelas se estabelecem.

Zabala (1998) afirma que a dimensão atitudinal é a mais complexa de se ensinar durante a prática educativa. O autor considera que os processos de aprendizagem dessa dimensão baseiam-se em vários campos, com destaque ao componente afetivo, enfatizando as relações pessoais que cada indivíduo estabelece com o objeto de atitude ou valor.

Mauri (2001) afirma que a aprendizagem de atitudes apoia-se na elaboração de representações conceituais e no domínio de determinados procedimentos, nossas ações. Por sua vez, as atitudes estão na base do desenvolvimento pessoal de estratégias de direção, orientação e manutenção da própria atividade de aprendizagem.

Sendo assim, a dimensão atitudinal precisa estar presente na práxis dos processos de ensino e aprendizagem, e não como algo "preestabelecido", algo "embutido", mesmo porque, se a dimensão atitudinal não faz parte da prática pedagógica, jamais será um conteúdo ensinado nas aulas. Nenhuma prática corporal possui ética e valores se não se ensinam esses conteúdos de maneira deliberada na concretude da prática pedagógica.

Para Breda et al. (2010), tradicionalmente, as lutas envolvem valores e modos de comportamento relacionados ao respeito, à dedicação, à confiança e à autoestima, visando o desenvolvimento integral do ser humano. Todavia, se esses valores ficarem só na questão da tradição e não forem questionados durante a prática pedagógica, a dimensão atitudinal no ensino das lutas corre o risco de não ser abordada de maneira minimamente satisfatória.

Quando Breda et al. (2010, p. 152) afirmam que "[...] é necessário ensinar mais do que as lutas, é necessário ensinar a ser [...]", na verdade, estão considerando a importância da dimensão atitudinal que, de acordo com Coll et al. (2000), responde exatamente à pergunta: como se deve ser? Não que existam respostas prontas a essa pergunta. Ela envolve reflexão e discussão constantes, não sendo nunca um conteúdo "acabado" e estando sempre em transformação e desenvolvimento.

O olhar sobre a dimensão atitudinal é algo amplo e complexo. Não é objetivo apenas durante o ensino do conteúdo das lutas. Não é meta somente da educação física escolar. Deve ser uma prerrogativa básica do Projeto Político Pedagógico da escola por todas as disciplinas que compõem o currículo, devendo professores, equipe gestora, pais, alunos, funcionários e demais membros da sociedade estarem engajados em prol da formação ética e humana proporcionada pela escola.

Exemplificando algumas possibilidades de abrangência da dimensão atitudinal sobre o conteúdo das lutas nas aulas de educação física, é possível compreender as atitudes e os valores que devem ser ensinados em relação às lutas, como as condutas éticas, os valores e os princípios orientadores das práticas, como o respeito mútuo, a solidariedade, dentre outros.

Há ainda a possibilidade de abordarmos questões como: respeito ao companheiro, diferenciação entre luta e briga, discussão de termos, como *porrada*, *massacre* e *guerra*, discussões a respeito da hierarquia imposta a algumas modalidades, questões relativas ao respeito aos limites do próprio corpo no que diz respeito a alguns golpes e posições de algumas práticas, a ética necessária para não se utilizar os conhecimentos aprendidos com outras pessoas em outros ambientes, a relação de gênero entre meninos e meninas nas lutas, entre outras inúmeras questões, algumas das quais serão abordadas na segunda parte deste livro.

ORGANIZAÇÃO DIDÁTICA E AS DIMENSÕES DOS CONTEÚDOS

Deve-se destacar que, embora as dimensões sejam divididas em três, na prática do processo de ensino e aprendizagem, elas devem estar atreladas uma a outra, não sendo possível realizar o ensino das lutas na escola em cada dimensão de forma separada e/ou isolada, e sim interagindo entre si, promovendo assim a ampliação da visão e facilitando a aprendizagem dessas práticas.

Por exemplo, em uma aula sobre lutas de curta distância, poderíamos conversar com os alunos demonstrando exemplos de práticas de curta distância – *huka-huka, jiu jitsu*, judô e sumô, entre outras –, ilustrar imagens sobre as regras e a história dessas práticas e vivenciar algumas dessas ações. Além disso, poderíamos enfatizar quais valores estão relacionados a elas, compreendendo o espaço necessário para que a interação entre os alunos seja profícua e respeite os limites individuais. Poderíamos, ainda, solicitar pesquisas sobre mais modalidades, valores e condutas éticas necessárias ou sobre suas histórias. Ou seja, organizamos essa aula a partir da abordagem de todas as três dimensões dos conteúdos.

Zabala (1998) defende a integração das dimensões, afirmando que, caso contrário, o ensino estaria fragmentado, tomando um sentido diferente do que se propõe. Porém, é essencial considerar, para a elaboração do planejamento, a identificação dos conteúdos nas dimensões apresentadas e as formas de trabalhá-los – o que facilita a organização didática do trabalho do professor.

Para Mauri (2001), a ampliação das dimensões dos conteúdos é o reflexo de que o saber da cultura é complexo e que pode ser analisado e avaliado levando em consideração mais de uma dimensão. A autora afirma que "[...] para que os alunos tenham a oportunidade de desenvolver um conhecimento profundo e significativo, os professores devem planejar intencionalmente o ensino de cada uma das diferentes dimensões do saber" (MAURI, 2001, p. 104).

Isso significa que as três dimensões precisam estar presentes na prática educativa de forma integrada, o que possibilita uma ampliação dos conteúdos das lutas e das demais manifestações da cultura corporal, além da dimensão procedimental. Isso contribui para o desenvolvimento dos alunos, compreendendo-os como seres que se movimentam, permitindo que a aprendizagem torne-se significativa para eles.

Solé e Coll (2001) afirmam que a aprendizagem contribui para o desenvolvimento na medida em que aprender não é copiar ou reproduzir a realidade. Esse processo, baseado na concepção construtivista, é denominado de *aprendizagem significativa*: "A aprendizagem é significativa na medida em que determinadas condições estejam presentes e sempre pode ser aperfeiçoada" (SOLÉ; COLL, 2001, p. 20-21).

A aprendizagem significativa permite que os alunos transcendam as atitudes conformistas, ascendendo a atitudes críticas e criativas, possibilitando que eles se tornem seres autônomos e emancipados. Solé (2001) afirma que os alunos tenderão à autonomia e ao envolvimento na aprendizagem, uma vez que possam tomar decisões racionais sobre o planejamento de seu trabalho, assim como se responsabilizem por ele, conhecendo os critérios com que suas realizações serão avaliadas e reguladas.

Devemos considerar, contudo, que, embora muitas pessoas caracterizem as lutas como práticas que promovem o respeito, a disciplina e outros valores, é preciso destacar que essas modalidades, assim como as demais manifestações da cultura corporal ou qualquer outro conteúdo que compõe a prática educativa de qualquer disciplina, não são por si só provedores desses valores, e, por isso, dependem de como o professor ensinará esses conteúdos. A ação e as intencionalidades do professor são de fundamental importância para a efetivação da sua prática pedagógica.

Os conteúdos das lutas, assim como todos os outros conteúdos da educação física escolar, dependem não só de como são tratados pelo professor, mas também de como estão estabelecidos no Projeto Político Pedagógico de cada escola, no planejamento docente, na organização dos conteúdos, na cultura escolar, entre outras questões que devem ser consideradas para avaliar se há a ampliação de significados sobre essa temática ou não.

Dessa forma, as dimensões dos conteúdos são uma forma de ampliar o conhecimento sobre os aspectos das lutas, não restringindo o ensino aos aspectos apenas procedimentais, o "saber fazer", mas indo além, transcendendo para os conhecimentos das outras dimensões, como as atitudes e os conceitos. Nas palavras de Freire (1996, p. 45):

> O que importa, na formação docente, não é a repetição mecânica do gesto, este ou aquele, mas a compreensão do valor dos sentimentos, das emoções, do desejo, da insegurança a ser superada pela segurança, do medo que, ao ser 'educado', vai gerando a coragem.

É claro que, para isso, o professor deve ter uma formação acadêmica inicial e continuada adequada para lidar com esses conteúdos, bem como experiências práticas enriquecedoras, não necessitando que, para isso, seja praticante assíduo de modalidades de luta, e sim que possa ter conhecimentos das lutas nas três dimensões dos conteúdos e que saiba como ensinar esses conhecimentos para os alunos em uma perspectiva crítica que propicie, ou pelo menos contribua, para a emancipação e a autonomia dos alunos.

3

Compreendendo as lutas da escola: para além das modalidades

As lutas estão presentes em nossa sociedade? São estas práticas corporais comumente veiculadas aos meios de comunicação, à prática sistemática e ao treinamento de muitas pessoas? Aparecem corriqueiramente das mais variadas formas no mundo contemporâneo? Se solicitarmos para os alunos elencarem no quadro ou em uma folha de papel (individualmente ou em grupo) quantas modalidades de lutas ou artes marciais conhecem, será que teríamos uma diversidade considerável?

Enfim, por mais que a importância dada à manifestação das lutas e ao conhecimento sobre os saberes que compõem essas manifestações possam variar de acordo com cada aluno, cada escola e cada região, não podemos desconsiderar a grande influência que as lutas exercem na sociedade atual de maneira geral e como, nos últimos anos, tem aumentado o número de praticantes, expectadores e consumidores das mais diversas manifestações que compõem o rol de modalidades e práticas das lutas.

Esse aumento não é dado por acaso e não deve ser considerado como um "golpe de sorte" ou uma predestinação. Na verdade, há razões de ordem mercadológica, sociológica, antropológica, política, pedagógica, ideológica e pessoal para que ocorra esse aumento da prática, do consumo e da veiculação na mídia, ou seja, essas transformações estão inseridas historicamente em contextos sociais contemporâneos muito bem delimitados.

Consideraremos agora as conceituações pedagógicas sobre as lutas com um aprofundamento da análise da lógica interna que compõe as manifestações corporais veiculadas à temática das lutas. No entanto, não podemos ignorar que há uma série de razões para que as lutas sejam temáticas de grande impacto social na contemporaneidade, passando, certamente, pelo grande interesse que essas práticas proporcionam aos seres humanos, ou pelo menos a grande parte deles, desde os tempos mais remotos da história.

Historicamente, para Breda et al. (2010), as lutas no Brasil criaram uma maior notoriedade entre os não orientais no início da década de 1970, com os filmes do ator chinês Bruce Lee (cujo verdadeiro nome era Lee Jun Fan). Para o povo brasileiro, as lutas foram apresentadas como algo fora do comum e, por vezes, até violento, cujos praticantes poderiam até mesmo voar ·(BREDA et al., 2010).

A influência dos filmes dessas modalidades entusiasmou inúmeros praticantes e expectadores, mobilizando um fértil campo mercadológico, haja vista, por exemplo, a imensa quantidade de filmes e desenhos que abordam os conteúdos das lutas, direta ou indiretamente. Para Nakamoto e Amaral (2008), é comum que atletas de modalidades de luta afirmem que procuraram tais práticas motivados por filmes, desenhos e seriados de lutas ou artes marciais.

Gomes (2008) sugere que as características de tradição, disciplina e filosofia costumam ser o maior atrativo para os alunos que buscam uma determinada modalidade. Como consequência, essas práticas estão crescendo muito em relação ao número de expectadores e de praticantes. Devido, dentre outros fatores, ao grande número de opções, cada uma tentando atender determinados gostos, vontades e expectativas de seus praticantes, as atividades de lutas em suas mais diversas formas têm crescido vertiginosamente, contendo até mesmo algumas práticas nas Olimpíadas, como é o caso do judô, do *taekwondo*, da esgrima, do boxe amador e do *wrestling* (luta olímpica).

Para Gomes (2008), a popularidade de algumas modalidades aumenta cada vez mais o interesse de crianças, homens, mulheres, idosos e grupos com necessidades especiais, tais como de pessoas com deficiência, por essas práticas. De acordo com a autora, as lutas estão extremamente difundidas nos clubes e nas academias, ou seja, na educação não formal, sendo fragmentadas em modalidades que tendem a preservar suas origens e formar alunos, atletas e mestres, que procuram essas instituições em diferentes idades.

Como já vimos, no entanto, a simples reprodução das práticas existentes no âmbito fora da escola para dentro dessa instituição não contribui para as "lutas da escola", restringindo sua compreensão para as "lutas na escola", trazendo, com isso, todos os problemas didáticos e pedagógicos já discutidos anteriormente.

O que apresentaremos a seguir são propostas que foram pensadas e construídas em conjunto e foram embasadas na literatura na qual nos apoiamos e que muito nos auxiliou nestas proposições. Nada impede que os professores também ensinem as lutas de outras maneiras, inclusive ensinando-as por meio de algumas modalidades, especificando as concepções apresentadas. Nossa proposição não tem a pretensão de ser algo "fechado" e definitivo.

De fato, as modalidades são o ponto de conversão das combinações das diferentes formas de classificação das ações motoras que caracterizam a lógica interna das lutas propostas aqui. Ou seja, em algum momento, é possível abordar diversas modalidades, justamente depois de compreender a lógica interna dessas práticas. Consideramos, no entanto, que apenas ensinar as modalidades em si pode desconsiderar a construção sociocultural e histórica das ações motoras e sociais que designam as lutas, compreendidas aqui pelo termo mais geral de "lutas da escola". As modalidades abordam a última fase das práticas das ações motoras das lutas. Considerar somente as modalidades, sem dar a devida atenção à lógica interna dessas práticas corporais, pode limitar a nossa compreensão sobre essas manifestações. Aos alunos que se interessarem por uma ou outra modalidade, é possível que procurem academias, centros comunitários de esportes, prefeituras e outras instituições para sua prática sistemática fora do âmbito escolar.

Para o ensino das lutas da escola, consideramos a afirmação de Paes (2006) de que é necessária uma prática pedagógica que priorize, além dos métodos, procedimentos nos quais a preocupação central seja voltada para quem faz o gesto, estimulando-o a identificar e resolver problemas, e ainda proporcionando a criação de novos gestos, ou seja, o ensino deve ser focado nos alunos e na relação entre alunos e professores.

Portanto, devemos pensar de maneira mais ampliada na lógica interna das lutas e, a partir dessa compreensão, propor formas de se ensinar as lutas da escola. Mas mais importante do que isso é o professor ter clareza sobre seus objetivos, conhecer os alunos e a realidade deles e o contexto no qual a escola está inserida, para que possa otimizar e permitir que o processo de ensino e aprendizagem seja mais significativo.

Para compreendermos a lógica interna das lutas, primeiro vamos discutir sobre a importância de se fundamentar os entendimentos para além das modalidades, buscando quais são as concepções sobre o ensino das lutas na escola em algumas propostas curriculares da área da educação física no Brasil. Posteriormente, vamos buscar as características em comum das práticas de luta para que possamos traçar o panorama de compreensão da lógica interna delas, que será determinante para o ensino das lutas da escola. Finalmente, abordaremos a nossa proposta de implementação das lutas da escola, explicando como ela foi criada e construída, a qual será a lógica de proposição da segunda parte deste material.

ENTENDENDO AS LUTAS PARA ALÉM DAS MODALIDADES

De acordo com Reid e Croucher (1983), existem em torno de 350 formas de lutas diferentes no mundo. Muitas dessas práticas sequer sabemos o nome, algumas até já foram extintas e outras se tornaram muito populares em todo o mundo. Algumas apresentam similaridades entre si e outras são completamente diferentes. Enfim, há uma infinidade de práticas e formas de lutar extremamente diversificadas, o que pode causar dúvida quando nos perguntamos quais devem fazer parte do processo de ensino e aprendizagem da educação física escolar.

É claro que é inviável abordar uma infinidade de modalidades de luta nas aulas de educação física, porque não há tempo suficiente, há outros conteúdos que também precisam ser ensinados aos alunos e seria muito difícil para o professor dar conta de abordar várias modalidades de luta em todas as suas especificidades, e nem deve ser este o papel da educação física escolar.

É preciso haver, então, uma seleção dentro do contexto cultural que representa os conteúdos das lutas, tal qual propõe Forquin (1993). No entanto, esse processo de seleção pode muitas vezes ser difícil de ser realizado pelos professores que podem ter dúvidas sobre como fazer as escolhas que devem compor o currículo. Dentre toda essa infinidade de modalidades de luta, quais ensinar na escola?

Seria importante ensinar aquelas que estão em maior evidência na mídia ou algumas práticas olímpicas como, por exemplo, o judô e o boxe amador, ou as práticas mais relacionadas à cultura brasileira, como a capoeira e o *huka--huka*? Quantas modalidades deveriam ser ensinadas nas aulas? Em quais anos? De quais formas?

Todas essas dúvidas são frequentes para muitos professores e podem ocasionar problemas na hora de se pensar o fazer pedagógico das lutas nas aulas de educação física. Tendo em vista essa questão, Soares et al. (1992) propõem alguns princípios curriculares no trato do conhecimento na escola:

- a relevância social do conteúdo;
- a contemporaneidade do conteúdo;
- adequações às possibilidades sociocognoscitivas do aluno;
- simultaneidade dos conteúdos como dados da realidade;
- espiralidade da incorporação das referências do pensamento;
- provisoriedade do conhecimento.

Para os PCNs (BRASIL, 1998) a seleção de conteúdos na educação física escolar, a partir da compreensão de cultura corporal, deve se basear em três diferentes critérios:

- *Relevância social:* a justificativa é que a composição do currículo deve ser realizada por meio das práticas que possuem presença marcante na sociedade brasileira, favorecendo a ampliação das capacidades de interação sociocultural dos alunos, bem como o usufruto de práticas de lazer e a promoção da saúde (pessoal e coletiva).
- *Características dos alunos:* este critério representa a necessidade de consideração das diferenças regionais brasileiras que precisam ser levadas em conta. É preciso considerar também os níveis de crescimento e desenvolvimento dos alunos.
- *Especificidades do conhecimento da área:* de acordo com este último critério, é primordial o trato pedagógico das práticas da cultura corporal de forma diferenciada por meio de todo o tratamento metodológico disponível na área.

Acreditamos que todos esses princípios precisam ser considerados quando concebemos a prática educativa transformadora e crítica. No entanto, muitas vezes esses princípios podem não ser muito claros aos professores durante o processo de sistematização dos conteúdos e da seleção dos saberes que devem compor o currículo, devido à amplitude de possibilidades que apresentam. Levando esses princípios em consideração, no caso das lutas, por exemplo: o que ensinar delas na escola?

A opção pela seleção de algumas modalidades de luta já bastante difundidas, como é o caso do judô ou da capoeira, por exemplo, pode ser considerada como uma prática corriqueira quando pensamos nas "lutas da escola". No entanto, acreditamos que essa opção limita as formas de se abordar as lutas da escola e, por isso, deve ser revista e ampliada, visando a um trato pedagógico dessas práticas mais didático e que transcenda a questão das modalidades.

Para compreendermos como está sendo realizado o ensino das lutas nas aulas de educação física, avaliamos algumas propostas curriculares. Para isso, selecionamos as propostas curriculares de 17 estados brasileiros: Acre (2010), Alagoas (2010), Ceará (2008), Distrito Federal (2010), Espírito Santo (2009), Goiás (2009), Maranhão (2009), Mato Grosso do Sul (2007), Minas Gerais (2009), Paraná (2008), Pernambuco (2008), Rio de Janeiro (2010), Rondônia (2010), Rio Grande do Sul (2009), Santa Catarina (1998), São Paulo (2008) e Sergipe (2010).

A seleção das propostas foi dada pela possibilidade de encontrá-las disponíveis *on-line* nos *sites* das respectivas Secretarias Estaduais de Educação de cada um dos estados brasileiros. Nem todos os estados apresentaram propostas, e alguns estavam em processo de elaboração. Deve-se destacar que algumas dessas propostas já se apresentavam como currículo, pois já estavam em processo de implementação.

Analisamos quais desses estados apresentaram, pelo menos em algum momento, o conteúdo das lutas como uma das manifestações que devem ser ensinadas nas aulas de educação física. Os dados podem ser visualizados no Quadro 3.1.

Quadro 3.1 Descrição sobre a abordagem do conteúdo das lutas em propostas curriculares de alguns estados brasileiros

Estados	Conteúdo das lutas: aparece ou não?
Acre	Sim
Alagoas	Não
Ceará	Sim
Distrito Federal	Sim
Espírito Santo	Sim
Goiás	Sim
Maranhão	Sim
Mato Grosso do Sul	Sim
Minas Gerais	Sim
Paraná	Sim
Pernambuco	Sim
Rio de Janeiro	Sim
Rio Grande do Sul	Sim
Rondônia	Sim
Santa Catarina	Não
São Paulo	Sim
Sergipe	Sim

Em 15 das 17 propostas, o conteúdo das lutas aparece explicitado como fazendo parte do processo de ensino e aprendizagem da educação física na escola, o que representa 88,23% do total de propostas. Esse dado evidencia que, ao menos com relação às proposições e aos embasamentos teóricos da maioria dos estados analisados, o tema das lutas é importante e faz parte dos conteúdos da educação física na escola. Todavia, muitas das propostas abordaram o conteúdo das lutas de maneira bastante incipiente.

A partir desse diagnóstico inicial, analisamos como é o tratamento pedagógico para o conteúdo das lutas da escola. Como resultados, encontramos que, para a grande maioria das propostas, o ensino do conteúdo das lutas deve ser desenvolvido por meio de modalidades de luta, não havendo, contudo, critérios e explicações para a escolha dessas modalidades. O Quadro 3.2 ilustra as principais modalidades veiculadas nessas propostas.

Quadro 3.2 Principais modalidades de luta que aparecem nas propostas curriculares de alguns estados brasileiros

Propostas	Judô	Capoeira	Boxe	*Taekwondo*	Caratê
Acre	—	✓	—	—	—
Ceará	—	✓	—	—	—
Goiás	✓	✓	—	—	✓
Minas Gerais	—	✓	—	✓	✓
Paraná	✓	✓	—	—	—
Pernambuco	✓	✓	—	—	✓
Rio Grande do Sul	✓	✓	—	✓	✓
Rondônia	✓	✓	—	—	—
São Paulo	✓	✓	✓	✓	✓
Sergipe	—	✓	✓	—	✓

O símbolo "✓" representa que a modalidade consta na respectiva proposta.

As modalidades que mais obtiveram frequência de aparição foram: capoeira (100%), judô (60%), caratê (60%), *taekwondo* (30%) e boxe (20%). É preciso destacar que há ainda outras modalidades, porém, elas apareceram com a frequência bem reduzida, muitas das quais foram apenas citadas brevemente pelas propostas.

Essa análise evidencia que a ênfase ao se conceber as "lutas da escola" está na transposição dessas modalidades, muitas das quais comumente encontradas na sociedade, para o âmbito escolar. Vale ressaltar que a proposta pelo ensino de determinadas modalidades pode ser encontrada em alguns autores como Soares et al. (1992), que abordam o ensino das lutas somente pela modalidade da capoeira, e os PCNs (BRASIL, 1998), que exemplificam o ensino das lutas com o judô, o caratê, a capoeira e o boxe.

Contudo, algumas propostas, embora abordem o conteúdo das lutas, não propuseram o trato pedagógico por meio das modalidades, como foi o caso das propostas dos seguintes estados: Distrito Federal (2010), Espírito Santo (2009), Maranhão (2009), Mato Grosso do Sul (2007) e Rio de Janeiro (2010).

Dentre todas essas propostas que não abordam as lutas pelas modalidades, a que mais se destaca pela profundidade das discussões apresentadas foi a proposta do estado do Maranhão (2009), a qual analisaremos um pouco mais profundamente a seguir.

Para a proposta curricular do estado do Maranhão (2009), dentre todo o conhecimento sobre as lutas é possível ilustrar as características históricas e culturais dessas manifestações que garantem sua legitimidade como um conteúdo importante e que deve ser ensinado pela educação física escolar. A proposta ainda preconiza que, caso o professor não tenha praticado algum tipo de luta, poderá lançar mão de várias estratégias e recursos como vídeos, pesquisas, atividades lúdicas entre outros, para melhor fundamentar-se.

Fugindo da prerrogativa do ensino pelas modalidades de luta, é apresentada por essa proposta uma classificação diferenciada na qual se concebem as lutas por duas questões: lutas de distância, nas quais o contato corporal é mais breve, podendo ou não existir, e lutas de corpo a corpo, nas quais o contato é mais prolongado (MARANHÃO, 2009). A partir dessa perspectiva é possível abordar uma infinidade de práticas, jogos, atividades e conceitos que não dependem de uma modalidade específica, o que amplia as formas de se compreender as lutas da escola.

Analisaremos a seguir, com maior profundidade, a questão da possibilidade de ensinarmos as lutas da escola além das representações das modalidades, buscando compreender a lógica interna dessas práticas corporais e quais ações motoras estão envolvidas nestas manifestações.

CARACTERÍSTICAS EM COMUM: COMPREENDENDO A LÓGICA INTERNA DAS LUTAS

Metaforicamente, se fosse possível "colocar as lutas dentro de um microscópio", ou seja, observar as características mais elementares e intrínsecas dessas práticas corporais, o que veríamos? Se realizássemos uma "leitura" das ações motoras presentes nas lutas, a despeito das vestimentas, linguagens, normas de conduta, etc., quais seriam as características básicas que teríamos? Quais seriam os aspectos em comum e quais iriam diferir entre si?

Destacamos que a análise a seguir pretende, prioritariamente, analisar as condutas motoras representadas pelas ações das lutas corporais, por meio das considerações e das proposições de alguns autores da área da educação física e de algumas teorias que contribuem, sobremaneira, com a nossa compreensão. Acreditamos que os aspectos holísticos, místicos e que transcendem as ações motoras em si não podem ser desconsiderados, porém, não serão enfocados aqui, por fugirem da proposição deste capítulo do livro, que é compreender a lógica interna das ações motoras das lutas. Também não enfatizaremos as ações coreográficas de formas, como os *katas, katis*, etc., pois abordaremos essas condutas em outro momento específico.

Para efeito de explicação, utilizando-se outra figura de linguagem, poderíamos comparar o ensino das lutas com uma grande e imponente árvore, com raízes fortes, altura considerável e uma grande copa com inúmeros galhos, folhas e frutos. Se observarmos somente as folhas, flores e frutos dessa árvore, sem levarmos em consideração a densidade de seus galhos, seu caule e, sobretudo, suas raízes, não conseguiremos compreender sob qual forma ela está enraizada, como são suas raízes e sua respectiva origem e quais são suas relações com o meio que a circunda. Na nossa "árvore das lutas", as folhas são as modalidades que conhecemos. Estas, por sua vez, são elementos importantíssimos, pois geram frutos muito valiosos. No entanto, é preciso que também possamos despender um tempo na análise dos galhos, do tronco e das raízes das lutas, buscando os aspectos em comum sob os quais florescem todas as modalidades, ou seja, buscarmos compreender a lógica interna destas práticas corporais.

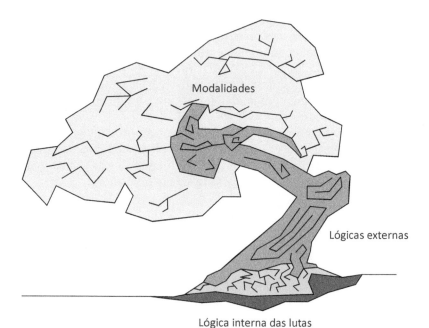

Figura 3.1 "Árvore" didática representativa das lutas corporais.

Primeiramente, é preciso que possamos compreender o que significa a expressão "lógica interna". Para Parlebas (2001, p. 302), o termo lógica interna representa "[...] o sistema das características pertinentes de uma situação motora e as consequências que entranha para a realização da ação motora correspondente". Ou seja, a lógica interna são as representações que permitem discernir acerca dos condicionantes que representam determinada ação, seja ela um jogo, uma prática esportiva ou uma luta, por exemplo. São as ações elementares, básicas, nas quais se originam todas as outras.

A compreensão da lógica interna está atrelada ao que se compreende como elementos universais, definidos por Parlebas (2001, p. 463) como "[...] modelos operativos que representam as estruturas básicas do funcionamento do jogo esportivo e que contêm sua lógica interna". Ou seja, existem determinadas características das ações motoras das práticas corporais, como os jogos, os esportes e também as lutas, que podem ser abordadas em uma concepção genérica por permearem todas essas práticas.

Algumas características que compõem a lógica interna das práticas corporais se referem ao espaço onde ocorrem as ações, aos implementos utilizados (quando existem), ao tempo de duração, ao sistema de mensuração da pontuação, entre outras. Essas características representam os universais das práticas corporais considerados pela Praxiologia Motriz.

A partir dessas compreensões, a Praxiologia Motriz utiliza-se de um sistema de classificação de cada prática corporal relacionada à esfera do se movimentar humano. Esse sistema denomina-se CAI e envolve três eixos principais: a questão da cooperação "C", do adversário "A" e da incerteza "I" promovida pelo ambiente.

Nessa classificação, as lutas podem ser compreendidas, primeiramente como práticas sociomotrizes por necessitarem de interação entre indivíduos. Nas lutas, há a necessidade de um adversário e o meio é padrão, ou seja, não há interferências diretas do meio ambiente que possam modificar as ações (como no caso do *surf*, por exemplo, em que o meio exerce influência direta nas ações motrizes). O ambiente das lutas costuma ser os *dojos*, tatames e outros espaços com baixo grau de incerteza ou imprevisibilidade. Parlebas (2001) lembra que as lutas, em geral, são atividades esportivas com uma oposição presente, imediata, que é o objeto da ação, e existe uma situação de enfrentamento codificado com o corpo do oponente.

No léxico de compreensão promovido pela Praxiologia Motriz, as lutas são atividades de oposição, por isso, há o envolvimento com adversários. Como costumam ser práticas individuais, não há a presença de companheiros, como no caso das modalidades esportivas coletivas, por exemplo.

Rodrigues (2009) aponta como características fundamentais presentes nas lutas os seguintes aspectos: tomada de decisão (deve ser rápida e precisa), antecipação (é preciso acontecer para haver sucesso nas investidas provocadas a partir das ações adversárias), decodificação (fundamental para a correta leitura da ação adversária), velocidade de tratamento de informação (quanto mais rápido for o processo de tomada de decisão, desde que correto, maiores são as chances de sucesso) e resolução de problemas (presente devido à complexidade das ações motoras das lutas).

Partindo da perspectiva do ensino das lutas, Kozub e Kozub (2004) apontam que, se uma pessoa está envolvida com a prática de algum tipo de combate, como o judô, *wrestling, jiu jitsu* ou sambo, seja na escola ou em clubes ou então seja na prática competitiva ou recreacional, é mais agradável se os participantes aprenderem, desde o início do processo de ensino e aprendizagem, os aspectos táticos relacionados a essas modalidades.

Para a compreensão da lógica interna das modalidades de luta, Kozub e Kozub (2004) partem dos princípios relacionados ao conceito do *Teaching game for understanding*, ou seja, realizar atividades lúdicas e reduzidas, com um grau de complexidade menor do que o encontrado nas situações tradicionais dessas práticas corporais, porém, sem perder a compreensão dos aspectos táticos relacionados à lógica interna dessas modalidades. De acordo com os autores, muitos alunos que aprendem apenas a realização dos gestos técnicos de forma isolada apresentam defasagens no conhecimento e na apropriação dos aspectos táticos, ocasionando compreensões malsucedidas sobre a lógica interna dessas atividades, bem como incompreensões das estratégias possíveis e dos aspectos táticos relacionados a essas práticas corporais (KOZUB; KOZUB, 2004).

Deve-se destacar, contudo, que nas práticas de realização de formas e movimentos coreografados e padronizados, como os *katis* e *katas*, as ações costumam ser de cooperação, uma vez que, para a obtenção do sucesso nestas práticas, é preciso grande sincronização e cooperação de todos os que realizam estes movimentos, desde que desenvolvidos em dupla ou grupo.

A partir das compreensões oriundas da Praxiologia Motriz, podemos definir as lutas, mesmo que, de maneira geral e sem entrar nas especificidades de cada uma das inúmeras modalidades existentes, como **práticas corporais geralmente individuais e que apresentam características de enfrentamento direto entre oponentes que são regidos por determinadas regras que conduzem suas ações, realizadas em um ambiente com elevado grau de estabilidade ambiental.**

Essas ações podem variar de acordo com as regras estabelecidas, podendo ser ações com uma proximidade maior entre os praticantes, uma distância maior e, em algumas práticas, havendo a utilização de determinados implementos, como espadas, madeiras, proteções, etc. A partir da compreensão da lógica interna das lutas é possível realizar uma série de classificações que auxiliam no entendimento dessas práticas corporais, dinâmicas, plurais e bastante complexas. Apontaremos algumas classificações sobre as lutas corporais a seguir.

CLASSIFICANDO AS LUTAS A PARTIR DA COMPREENSÃO DE SUA LÓGICA INTERNA

Buscar por formas de classificação das lutas é uma tentativa de compreendê-las um pouco mais a partir de seus aspectos em comum e suas diferenças, sem, com isso, pretender reduzir as múltiplas definições acerca da multidimensionalidade de possibilidades de entendimento proporcionado pela riqueza de significados dessas práticas corporais.

Na escola, a discussão sobre as formas de se compreender as lutas pode gerar reflexões potenciais que contribuam com a apropriação crítica das práticas da cultura corporal por parte dos alunos. Nesse enredo, corroboramos com a afirmação da Proposta Curricular do Estado de Pernambuco, que considera que:

A luta, assim como os outros temas da cultura corporal, precisa ser abordada levando em consideração, em primeiro lugar, os aspectos de organização da identificação e da categorização dos movimentos de combate corpo a corpo.

Depois, abordando a iniciação da sistematização desses movimentos, a partir da compreensão do sentido/significado de cada uma de suas formas. Por fim, chegando até a ampliação dessa sistematização, de maneira que sejam compreendidas as técnicas mais aprimoradas e sejam criadas outras formas de combate. (PERNAMBUCO, 2008, p. 26).

Assim, abordaremos a seguir proposições apresentadas por alguns autores que buscaram classificações e compreensões léxicas sobre as práticas corporais de maneira geral e as lutas, de maneira mais específica.

Gonzalez (2004), a partir de um referencial teórico sobre a compreensão da lógica interna e a classificação dos esportes, desenvolveu uma categorização na qual as lutas são referenciadas. Para isso, primeiramente o autor define os esportes com e sem interação com adversário. As lutas, nesse contexto, obviamente, são práticas com interação com adversário.

Prosseguindo na classificação de Gonzalez (2004), o autor divide ainda os esportes com estabilidade ambiental e sem estabilidade ambiental, similar ao referencial da Praxiologia Motriz. As lutas, novamente, são categorizadas como práticas com estabilidade ambiental.

O autor divide também os esportes coletivos e os individuais, agregando as lutas neste segundo grupo. No entanto, ele faz uma ressalva, afirmando que esse sistema de classificação não é completo, pois alguns esportes não conseguem ser contemplados. É o caso do *kabaddi*, por exemplo, uma modalidade de luta popular em alguns países da Ásia, como a Índia, e que é uma prática coletiva, mas que envolve ações de lutas corporais (GONZALEZ, 2004).

Podemos citar outro exemplo que foge das proposições apresentadas até agora: o arco e flecha ou arcoaria *zen*, que envolve a prática sem adversários e sem oposição direta, fugindo da lógica interna apresentada aqui. As lutas são práticas tão plurais que dificilmente alguma forma de classificação abarcaria todas as inúmeras possibilidades e modalidades existentes. Contudo, muitas práticas podem ser classificadas de acordo com algumas categorias que possam agrupar diferentes modalidades em princípios em comum.

A partir dessa classificação, Gonzalez (2004) estipula as lutas como uma das categorias dos esportes existentes, juntamente com os esportes de invasão, campo ou taco, quadra dividida ou muro, etc. Ressalta-se, no entanto, que essa classificação compreende as lutas apenas na sua representação como modalidades esportivas.

Rufino e Darido (2011) contribuem para a ampliação da compreensão das lutas ao indagarem se elas são ou não são esportes. Os autores, a partir de análise de alguns referenciais teóricos que ora compreendem as lutas como esporte ora como práticas não esportivizadas, afirmam que as lutas podem ou não ser consideradas como práticas esportivas. Para serem práticas esportivizadas, elas precisam estar associadas a todas as características que representam o esporte, como uso de regras oficiais, representação institucional por meio de federações e confederações, competições oficiais, entre outros fatores que institucionalizam essas práticas, como é o caso das modalidades de lutas que estão nos Jogos Olímpicos (RUFINO; DARIDO, 2011).

No entanto, algumas práticas, como a capoeira e o *tai chi chuan*, por exemplo, apresentam dificuldades em se esportivizar, muitas vezes não se adequando às exigências que institucionalizam essas práticas como modalidades esportivas. Dessa forma, as lutas podem ou não ser representadas como práticas esportivas, dependendo do contexto que determinada prática se insere e das compreensões que se têm sobre os conceitos de "lutas" e de "esportes" (RUFINO; DARIDO, 2011).

Outro autor que se preocupou com a classificação das lutas é Espartero (1999). Ele divide as práticas dos "esportes de luta", utilizando-se a terminologia empregada por ele, em três níveis diferentes: esportes de luta com agarre, esportes de luta com golpes e esportes de luta com implementos.

Os esportes de luta com agarre são representados por aqueles que abarcam ações básicas, como o ato de derrubar, projetar e controlar no solo. Há uma divisão dessa categoria, uma vez que, para Espartero (1999), algumas práticas apresentam a imposição inicial do agarre, ou seja, há o contato inicial dos oponentes desde o início, como a formação das pegadas, ou *kumi-kata* no judô paraolímpico, ou ausência de imposição inicial de agarre, como no judô não paraolímpico, *jiu jitsu*, etc. Há ainda diferenças de objetivos, uma vez que algumas práticas focam a projeção, ao passo que outras mantêm a continuação das ações no solo (ESPARTERO, 1999).

Os esportes de luta com golpes, para o autor, podem ser divididos entre aqueles que utilizam apenas os punhos, como o boxe, por exemplo, os que utilizam apenas as pernas, como o boxe francês, e os que misturam a utilização de membros inferiores e superiores, como o *muay thai*, caratê, etc.

Finalmente, Espartero (1999) representa os esportes de luta com implemento que, como o próprio nome admite, são aqueles nos quais há a utilização de algum tipo de objeto que intermedeia as ações dos oponentes, objetivando tocar o adversário, como é o caso da esgrima.

Ramirez, Dopico e Iglesias (2000) também partem das intenções nas ações motoras das lutas para classificá-las. Para isso, os autores analisam as formas nas quais o contato é possível nas lutas corporais. A partir disso, classificam as lutas em três grupos: as modalidades com agarre, nas quais há ações de exclusão de espaço (como no sumô) ou de aplicação de quedas (como no judô); as modalidades sem agarre utilizando-se ações de golpear e impactar o oponente (caratê, *kung fu*, *taekwondo*, etc.) e modalidades sem agarre, mas com utilização de implementos (p. ex., esgrima, *kendo*).

Oliveira (2009) considera as características observadas em diversos estilos de lutas, de acordo com os seguintes fundamentos, a partir dos quais as ações motoras das lutas se desenvolvem:

- Traumatizantes: representados por chutes, socos, joelhadas, etc.
- Fintas: situações em que o objetivo é enganar ou ludibriar o adversário.
- Bloqueios: representado pelas defesas com braços, mãos e pernas.
- Esquivas: mudanças de direção.
- Desequilibrantes: visando a perda de apoio dos segmentos corporais.
- Projeções: visando a queda do adversário ao chão.

- Imobilizações: aplicação de chaves nas articulações.
- Estrangulamentos: realizados no pescoço do adversário.
- Acrobáticos: movimentos plásticos, estéticos, dentre outros.

Olivier (2000) divide as práticas das lutas entre ataque e defesa, apresentando ações motoras específicas e algumas variações possíveis. Com relação às ações de ataque, o autor apresenta o agarre, o reter, o desequilibrar e o imobilizar. As diversificações possíveis nas ações de ataque são várias, como apanhar/pegar (braços, pernas, cintura, roupas, etc.), puxar, empurrar, carregar, projetar, combinar ações, entre outras.

Com relação às ações de defesa, o autor apresenta o esquivar-se, o resistir e o livrar-se. As diversificações possíveis são rolar, saltar, abaixar-se, opor-se, empurrar, girar, virar, entre outras (OLIVIER, 2000).

A forma como Olivier (2000) apresenta as ações das lutas é interessante, porém, devemos sempre ter claro que as ações de ataque e de defesa nas lutas costumam ser simultâneas e realizadas por cada um dos oponentes a qualquer momento. Além disso, o autor enfatiza as ações das modalidades de luta corpo a corpo, mais especificamente da luta (*wrestling*) e do judô, visando a sua inserção na escola. Portanto, ações motoras como socar, chutar, bloquear, tocar, etc. são pouco consideradas, limitando um pouco as ações apresentadas.

Nakamoto et al. (2004) também contribuem para a compreensão das lutas ao classificá-las por meio de dois conceitos: ação realizada para atingir o alvo, podendo ser segurar ou tocar, e as metas possíveis para as ações, podendo ser diretas ou indiretas. A meta direta é aquela que tem por finalidade atingir o adversário, ou seja, o adversário é o fim, é o alvo central. Já a meta indireta é aquela que se utiliza do adversário como meio para atingir outro fim, que pode ser a exclusão do espaço ou uma projeção ao chão, por exemplo.

Assim, há quatro formas possíveis de combinação de acordo com as concepções de Nakamoto et al. (2004): ação de segurar com meta direta, como no caso de uma finalização (chave ou estrangulamento) no *jiu jitsu*; ação de segurar com meta indireta, como no caso do judô ao aplicar uma queda tendo em vista o *Ippon*; ação de tocar com meta direta, como no caso da aplicação de um soco no corpo do oponente no boxe ou no *muay thai*; ação de tocar com meta indireta, como no caso de um nocaute no boxe ou no MMA (*Mixed Martial Arts* ou Artes Marciais Mistas na língua portuguesa).

Gomes (2008) baseou-se nas ideias de Claude Bayer sobre as características em comum dos Jogos Desportivos Coletivos (JDC) para criar os Princípios Condicionais das Lutas, elencados pela autora como: contato proposital, fusão ataque/defesa, imprevisibilidade, oponente(s)/alvo(s) e regras. Independentemente da modalidade ou especificidade da luta, esses aspectos são condições indispensáveis para que uma atividade seja caracterizada como luta, pois são capazes de delinear o conhecimento e diferenciá-lo dos demais. Percebe-se uma clara relação entre os "princípios condicionais" com a compreensão da "lógica interna" das lutas.

O referencial dos princípios condicionais é também utilizado por Pucineli (2004) que relata a busca pelas características invariantes das lutas, ou seja, seus aspectos em comum entre todas as modalidades, partindo também das concepções de Claude Bayer. Assim, o autor define as lutas da seguinte maneira:

> Definimos Luta corporal, então, como uma prática de oposição geralmente entre duas pessoas, na qual realiza-se uma ação (toque ou agarre) com o objetivo de dominar a outra, dentro de regras específicas. Duas condições são essenciais para considerarmos atividade como luta: o alvo da ação ser a própria pessoa e a possibilidade de finalização do ataque ser mútua, a qualquer momento, inclusive simultânea. (PUCINELI, 2004, p. 11).

Talvez por partirem do mesmo referencial, há diversas semelhanças entre as definições sobre as lutas propostas por Pucineli (2004) e Gomes (2008). A autora propõe que a luta é uma:

> Prática corporal **imprevisível**, caracterizada por determinado estado de **contato**, que possibilita a duas ou mais pessoas se enfrentarem numa constante troca de ações **ofensivas** e/ou **defensivas**, regida por **regras**, com o objetivo mútuo sobre um **alvo móvel** personificado no **oponente**. (GOMES, 2008, p. 49, grifo do autor).

Essas definições possibilitam compreender que o alvo das lutas é sempre o oponente e, por isso, é preciso que haja o embate, o confronto, a oposição entre eles. Porém, essas definições não abrangem a prática dos *katas* e dos *katis*, por exemplo, os movimentos coreografados e sistematizados que existem em algumas práticas de lutas, também denominados de formas, como no caratê e no *kung fu*. Gomes (2008, p. 50) alerta para esse fato e define as formas como: "[...] combinação de elementos e técnicas tradicionais, que expressam a essência dos movimentos das lutas, arranjados numa sequência preestabelecida, podendo ser executada na presença de adversários reais ou imaginários".

Realmente há diferenças bastante acentuadas ao compararmos as práticas de luta como formas e como atividades de oposição. Talvez a maior diferença entre essas duas possibilidades de prática de atividades de luta, a despeito da interação com o oponente, está no nível de previsibilidade das ações, uma vez que, nas práticas das formas, o nível de previsibilidade precisa ser muito maior do que nas práticas das atividades de oposição.

Concentrando-nos nas práticas de oposição, por estas arraigarem os determinantes mais evidentes que nos possibilitam classificar as lutas corporais, a partir das visões apresentadas, podemos compreender formas de ensinar estas práticas na escola. A proposta curricular do estado do Maranhão (2009), ao abordar uma forma de compreender o ensino das lutas que não seja somente pelas modalidades, mostra uma forma de classificação destas práticas em duas maneiras: lutas de distância, as quais há contato corporal mais breve, ou até mesmo inexistente como na esgrima, capoeira, caratê, etc., e lutas de corpo a corpo, as quais o contato corporal é mais prolongado como no judô e no *jiu jitsu*.

Os fundamentos elencados para o ensino das lutas de acordo com a proposta do Maranhão (2009) são: agarrar, derrubar, cair, desequilibrar, imobilizar, bater, defender e esquivar. Ressalta-se que, embora essa proposta contribua com novas maneiras de se entender o ensino das lutas nas aulas de educação física, há uma incorporação das práticas com utilização de implementos juntamente com as práticas de distância, não havendo separações entre elas.

Dessa maneira, podemos dividir as lutas em três níveis em vez de dois, de acordo com a distância empregada na execução das ações: curta distância, representadas pelas lutas corpo a corpo como o judô e o *jiu jitsu*, por exemplo; média distância, representadas pelas lutas com a utilização de toques, como o boxe e o *muay thai*; e longa distância, com a utilização de implementos que intermedeiam a distância entre os oponentes, como no caso da esgrima e do *kendo*, por exemplo. Essa classificação é evidenciada na literatura por uma série de autores, como Breda et al. (2010) e Gomes (2008).

Breda et al. (2010) consideram que, a partir da organização dos elementos das lutas elaborados por meio do contato observado e das ações técnicas envolvidas (curta, média e longa distância), os professores não precisam organizar os conteúdos com base em componentes específicos de uma modalidade, podendo estruturar as sequências didáticas com um conjunto de elementos que compõem as diferentes modalidades.

Gomes (2008) afirma que o sistema de classificação das lutas entre as distâncias, ou seja, curta, média e longa, representa a complexidade de interações entre as práticas das lutas. Sendo assim, é possível organizar um ensino global que enfatize seus princípios condicionais e os aspectos em comum entre as modalidades.

A importância da classificação das lutas por meio das distâncias empregadas na efetivação das ações motoras nestas práticas está por compreendermos que a questão da distância é um fator determinante na diferenciação dessas práticas corporais. Parlebas contribui para a caracterização da importância da consideração da distância dos enfrentamentos motores, definindo-a como:

> Distância codificada que separa os adversários de um jogo desportivo no momento do enfrentamento direto. Regulamentada por um código de jogo, esta distância está ligada ao modo de 'contato' autorizado. [...] participa da codificação da comunicação motriz, obrigando às manifestações da agressividade e da violência ao introduzir-se no modelo do ritual competitivo. (PARLEBAS, 1981, p. 38).

Corroboramos com Gomes (2008, p. 50) quando a autora admite que,

> [...] mais do que ordenar o conhecimento, ou dividi-lo em classes, deseja-se contribuir para os atuais e futuros processos de ensino-aprendizagem das lutas no que diz respeito a sua disseminação para diferentes contextos e personagens da Pedagogia do Esporte.

Dessa forma, em nossa proposta de intervenção, trataremos as lutas em suas relações com as distâncias estabelecidas: curta, média, longa e mista, propondo diversas atividades que auxiliem na compreensão da lógica interna, ou princípios condicionais, ou invariantes.

4

Educação física e livros didáticos

A elaboração de livros é sempre algo bastante complexo, uma vez que é preciso levar em consideração os inúmeros aspectos que compõem a prática educativa e, a partir disso, realizar um difícil processo de escolha e seleção dos conteúdos que devem e os que não devem fazer parte do currículo. Para Forquin (1993), toda educação do tipo escolar realiza uma seleção no interior da cultura e uma reelaboração dos conteúdos desta cultura destinados a serem transmitidos às novas gerações. Assim, para esse autor, a educação não transmite a cultura e sim *algo* da cultura, proveniente de fontes diversas e de diferentes épocas.

O livro didático pode ser compreendido como a materialização destas formas de seleção de determinados aspectos da cultura e sua respectiva implementação no currículo, sendo entendido como um meio interventor do currículo, de acordo com Gimeno Sacristán (2000). Para esse autor, são várias as funções que os livros didáticos adquirem no processo de ensino e aprendizagem da educação escolar, sendo que seus usos são determinantes para o reconhecimento efetivo deles como meios interventores do currículo. Sendo assim, esses materiais podem assinalar o que deve ser aprendido, enfatizar determinados aspectos dos conteúdos, sugerir exercícios e atividades para os alunos, assinalar critérios de avaliação, entre outros.

O autor reconhece diversos aspectos positivos e negativos sobre a utilização desses materiais, admitindo que, se por um lado, eles podem anular a iniciativa dos professores, tornando as tarefas pouco flexíveis, por outro, podem também ser utilizados como estratégias de inovação da prática, incidindo na realidade ao permitir aos professores aproveitar seus conteúdos de maneira crítica.

Essa afirmação evidencia uma das maiores características que devem ser ressaltadas ao se estudar os livros didáticos: são os usos que fazemos desses materiais que nos permite considerar suas potencialidades e limitações. González (2011), ao discorrer sobre as diferentes funções dos materiais curriculares, questiona: os livros didáticos formam, transformam ou deformam? O autor conclui que esses materiais não são capazes de fazer nenhuma das três afirmações supracitadas. Porém, os usos que se fazem desses materiais, talvez, sejam capazes de realizar algumas das formas descritas.

A despeito disso, a implementação de livros didáticos nas aulas de educação física tem sido pouco debatida nos meios acadêmicos, provocando ainda algumas incompreensões acerca das formas de utilização desses materiais. É necessário que haja mais reflexões sobre as possibilidades e as limitações na utilização desses materiais, bem como compreensões mais aprofundadas a respeito do papel deles nos processos de ensino e aprendizagem desse componente curricular obrigatório.

Mesmo atuais, os livros didáticos não têm sido a tônica de reflexão dos pesquisadores da área. De acordo com Rodrigues (2009), na área da educação física, pouco tem sido discutido a respeito do livro didático e seus desdobramentos no ambiente escolar. De maneira análoga, Darido et al. (2010) consideram que o livro didático tem suscitado reduzida reflexão no campo específico da educação física escolar. Os autores fazem algumas indagações sobre esta constatação, entre elas: "[...] por que tão pouco tem sido discutido na educação física? Quais as razões para essa omissão?" (DARIDO et al., 2010, p. 450).

Para esses autores, os pesquisadores da educação de modo geral, e em particular da educação física escolar, necessitam enfrentar urgentemente a questão do livro didático, afirmando que, em outras disciplinas escolares, eles podem ser considerados, atualmente, como uma das estratégias metodológicas mais utilizadas pelos professores, chegando muitas vezes, a ditar a sua prática.

No campo da educação física na escola, Frangioti (2004) constatou uma enorme carência e a quase completa ausência de livros didáticos. Além disso, a autora comenta que os planejamentos escolares do componente curricular educação física, quando existem, normalmente geram dúvidas sobre o que ensinar. Para Gaspari et al. (2006), a falta de material didático é uma das principais dificuldades apontadas pelos professores de educação física em sua prática pedagógica.

Darido et al. (2010, p. 452) entendem que o livro didático é

> [...] um material intimamente ligado ao processo de ensino e aprendizagem, ou seja, elaborado e produzido com a intenção de auxiliar as necessidades de planejamento, intervenção e avaliação do professor, bem como de contribuir para as aprendizagens dos alunos.

Estando tão fortemente vinculados ao processo de ensino e aprendizagem, torna-se necessário considerar esses materiais como ferramentas pedagógicas que podem auxiliar a prática pedagógica dos professores.

Esses autores consideram ainda que o livro didático, como um dos materiais possíveis, é capaz de auxiliar os professores na prática pedagógica, pois pode servir como referencial, podendo ser transformado pelo docente de acordo com a realidade na qual atua e as necessidades dos alunos. Todavia, os autores reconhecem que esses materiais "[...] podem facilmente transformar-se em receituários desconectados do contexto do aluno, com caráter prescritivo" (DARIDO et al., 2010, p. 455).

Como uma das críticas aos livros didáticos, Zabala (1998) considera que grande parte deles trata os conteúdos de modo unidirecional e devido à sua estrutura não oferece ideias diferentes em relação à linha de pensamento estabelecida. São livros que transmitem um saber baseado em estereótipos culturais. Além disso, reproduzem valores, ideias e preconceitos de determinadas correntes ideológicas e culturais.

Para Rodrigues (2009), a preocupação dos críticos do livro didático é com a utilização desses materiais como referencial único a ser seguido, nos quais as atividades sejam adotadas e implementadas sem uma análise minuciosa dos conteúdos, não havendo adequação às características da turma, nem mesmo aos objetivos do professor e da escola.

Rodrigues (2009, p. 13) argumenta também que:

> [...] no receio de que essas posturas fossem adotadas pelos professores da educação básica, os estudiosos da educação física acabaram se abstendo da tarefa de elaborar tais materiais e mais do que isso não se arriscaram a pesquisar profundamente o tema.

A falta de elaboração de materiais, no entanto, se deve em parte à concepção associada à área da educação física escolar que a vincula como uma disciplina que enfatiza prioritariamente a dimensão procedimental dos conteúdos. Essa constatação corrobora com Darido et al. (2010), que consideram que, historicamente, as aulas de educação física se restringiam (e até certo ponto se mantêm assim) a oferecer um conhecimento que advém da repetição e da prática dos movimentos. Essa concepção afastou a disciplina dos livros didáticos dos alunos.

Rodrigues (2009, p. 14) também versa sobre essa influência histórica da educação física, estando

> [...] atrelada a uma tradição do saber fazer, da realização dos movimentos, da vivência e experimentação das brincadeiras, dos jogos e dos esportes, tais características tornaram difícil estruturar esse material, assim como conceber sua aceitação junto aos docentes e mesmo ao mercado editorial.

Assim, os livros didáticos, como sugerem esses autores, devem ser considerados como dispositivos intermediários do atual processo do sistema escolar, sendo meios estruturadores do currículo, havendo a necessidade desses materiais serem utilizados de maneira planejada, crítica e reflexiva pelos professores, auxiliando-os no desenvolvimento da prática pedagógica.

Os livros didáticos são, antes de tudo, materiais com características específicas destinados a determinadas funcionalidades e objetivos. Como livros, devem ser compreendidos como ferramentas de auxílio que dependem de como são utilizadas durante a prática pedagógica. De maneira genérica, livros didáticos podem ser definidos como "um material de caráter pedagógico". No entanto, qual livro não possui um "caráter pedagógico"? Não importa se é para se deleitar em histórias maravilhosas, fantásticas, ou aprender a fazer alguma atividade, se é para ser utilizado na escola ou fora dela, se é para nos instruir ou fazer o tempo passar; ler nos permite aprender, a refletir sobre algo. Ler nos instrui, nos motiva, nos emociona e até nos incomoda algumas vezes. Como tudo isso não teria nem um pouco um "caráter pedagógico"? É claro, muitas vezes não há a organização sistematizada e/ou planejada, mas podemos sempre aprender com os livros, aprendemos a ser ou a não ser, aprendemos a rir, a chorar e, por que não, até a sonhar.

É como afirma Peirano (1995 apud STIGGER, 2005, p. 7): "[...] o conformismo começa com a definição". Ao definirmos os significados de livros didáticos, estamos limitando a nossa compreensão sobre esses materiais, o que muitas vezes nos auxilia didaticamente em discussões necessárias, mas também nos impede de uma conceituação mais aprofundada e ampliada acerca desses meios interventores do currículo que contribuem para a aquisição de aprendizagens, saberes e conhecimentos.

Alves (2004, p. 22) afirma que os "[...] conhecimentos são extensões do corpo para a realização do desejo". Ora, livros didáticos não podem ser compreendidos, de maneira simplista e em uma visão limitada, como aglomerados de conhecimentos reunidos em caixinhas de texto? Não seria então uma forma de "realização de desejos"? Mas quais desejos? Os de quem os escreve? Os dos professores que estão na intervenção nas escolas? Ou o dos alunos? Certamente, cada um desses protagonistas possui desejos, necessidades e vontades, alguns similares uns com os outros, outros bastante distintos.

Portanto, se pudéssemos definir, mesmo que em caráter inacabado, este livro é a expressão de um desejo de todos que "compraram" a ideia de construí-lo: desejos de uma educação melhor, que seja galgada por maneiras de se buscar que isso aconteça, por meio do conteúdo estruturante das lutas.

5

Princípios pedagógicos relevantes para o ensino das lutas na escola

A partir de agora, vamos construir uma forma de categorização das lutas da escola visando contribuir para a prática pedagógica dessas manifestações corporais. Para isso, optamos por conceituar passo a passo essas práticas de uma maneira que seja possível ensiná-las na escola, propondo concomitantemente uma série de atividades, vivências, reflexões, discussões e leituras, além de dicas de filmes, livros e *links* de vídeos e *sites* que possam contribuir com materiais que auxiliem os professores em suas práticas docentes.

A forma como abordaremos as lutas da escola não é a única possibilidade que existe. Há várias maneiras e estratégias das quais os professores podem se apropriar para construir suas práticas pedagógicas; pretendemos aqui apontar algumas possibilidades que acreditamos contribuírem, sem, com isso, as considerarem como as únicas existentes. Os próprios professores, com auxílio dos alunos, equipe gestora da escola, pais, mídias e outros meios podem também buscar outras formas de ensinar esses conteúdos.

Abordaremos ainda algumas breves considerações sobre a questão de gênero, o preconceito para com o ensino das lutas da escola, a abordagem dos conteúdos tratados pelo material e pelas formas de avaliação, buscando auxiliar os professores nas análises das atividades realizadas, compreendendo as três dimensões dos conteúdos.

A QUESTÃO DE GÊNERO

As atividades, discussões e reflexões propostas aqui foram pensadas, discutidas e implementadas por professores de educação física em diferentes contextos. Acreditamos que há a possibilidade de realização de todas as propostas desse material por alunos e alunas, inclusive com diversas atividades realizadas conjuntamente entre meninos e meninas.

Contudo, ninguém melhor do que o professor para avaliar as possibilidades de abordar as atividades com turmas mistas ou não. Se o professor considerar necessário dividir a turma por sexo em determinados momentos, isso pode ser realizado sem problemas, desde que essas escolhas sejam discutidas com os alunos, no sentido de esclarecer as vantagens e as desvantagens e não sejam permeadas por ações discriminatórias.

Acreditamos, no entanto, que há várias possibilidades de utilização de turmas mistas, o que pode enriquecer a prática pedagógica. Isso porque o conteúdo das lutas é ainda tido com muitos preconceitos como, por exemplo, a concepção de que mulher não pode lutar porque isso pode "prejudicar sua feminilidade". A escola deve ser o espaço de discussão e reflexão sobre concepções preconceituosas buscando a ressignificar determinadas crenças em prol de uma visão mais crítica e humana.

Sendo assim, é preciso considerar o contexto no qual se está inserido. Porém, é necessário que as atitudes tomadas – como a própria realização de turmas mistas nas atividades ou não – sejam discutidas com os alunos visando à segurança na realização das atividades e possibilitando questionamentos e reflexões que enriqueçam a prática pedagógica.

PARA ALÉM DO PRECONCEITO: A IDEIA DO RESPEITO NAS LUTAS

Talvez ainda "paire" pelo ar, em alguns contextos determinados, preconceitos com a inserção do conteúdo das lutas na escola. A associação com questões de violência, ou que isso possa incitar atitudes inapropriadas dos alunos, podem acontecer. Isso se deve principalmente à falta de conhecimento das potencialidades educativas dessas práticas corporais na escola.

Muitas vezes, os preconceitos estão cristalizados, o que torna ainda mais difícil ressignificá-los. Nesses casos, será necessário "lutar" para quebrar determinados paradigmas que possam prejudicar o ensino das lutas da escola.

A primeira necessidade é que o professor realmente considere as potencialidades educativas das lutas, tendo um olhar cuidadoso e respeitoso para com essas práticas corporais. A partir do momento em que o professor incorpora a perspectiva de que as lutas são manifestações da cultura corporal, sendo imprescindível aos processos de ensino e aprendizagem na escola, poderá buscar formas de ressignificação de alguns preconceitos que, por ventura, possam existir.

No entanto, é necessário ainda que o professor tenha argumentos e conheça essas práticas corporais em uma perspectiva escolar, um dos objetivos do presente livro. Isso porque o preconceito pode vir dos próprios alunos, da direção da escola e até mesmo dos pais, o que exigirá argumentos consistentes e diálogos que visem explicar as potencialidades educativas das lutas da escola.

Um exemplo de preconceito comumente vinculado às lutas é a questão de que lutar e brigar são sinônimos. Isso surge de uma distorção da compreensão que se tem dessas práticas corporais. Como veremos, as lutas corporais apresentam regras, condutas organizadas e sistematizadas e são permeadas pelo respeito, diferentemente do que acontece em situações de brigas, sejam elas quais forem.

Ou seja, por meio do diálogo e do conhecimento, é possível ressignificar algumas compreensões equivocadas. Sabemos, contudo, que alguns preconceitos estão cristalizados e não serão facilmente dissolvidos por meio de ações dialógicas. É necessário persistência, empenho e conhecimento por parte dos professores para que lutem pela inserção das lutas da escola.

INCLUSÃO

Incluir todos os alunos na realização das atividades deve ser um dos maiores objetivos dos professores. Muitas vezes, a própria falta de confiança dos alunos, vergonha ou falta de habilidade induz os alunos a se excluírem. Outras vezes, questões relacionadas às deficiências de qualquer tipo podem ser consideradas como formas de exclusão de determinados alunos.

No entanto, muitas das atividades propostas podem ser realizadas por diversos alunos, independentemente das características apresentadas por eles. Outras vezes, é possível adaptar as atividades, as modificando, visando a participação de todos. Ou seja, com certas mudanças, é possível que todos vivenciem, reflitam e apropriem-se criticamente das mais diversas propostas apresentadas sobre as lutas da escola.

Considera-se, no entanto, que muitas vezes não é de uma hora para outra, repentinamente, que as atividades serão realizadas por todos os alunos da melhor maneira possível. É preciso considerar as dificuldades dos alunos e o próprio caráter de novidade que as atividades podem apresentar, causando certo estranhamento.

A melhor forma de possibilitar a participação de todos é por meio do diálogo. Mostrar para os alunos a riqueza das práticas de luta, as possibilidades apresentadas e a ludicidade que existe em muitas dessas atividades. Estratégias como negociações com os alunos, planejamento participativo e até mesmo ações mais diretivas em alguns momentos podem auxiliar, sempre de acordo com cada contexto.

Especial atenção deve ser despendida aos alunos com deficiência ou necessidades especiais, que não devem se sentir impossibilitados de participar das atividades; muito pelo contrário, devem ser estimulados a também vivenciarem as práticas dos jogos de luta, de acordo com suas limitações e possibilidades. A adaptação na realização das atividades é de fato uma possibilidade interessante para a ampliação da participação de todos. O professor deve ter sensibilidade para realizar essas adaptações e conversar bastante com os alunos, para que a prática possa ser mais enriquecedora.

ABORDAGEM DOS CONTEÚDOS

Conforme visto na primeira parte do livro, abordaremos as atividades sempre considerando as três dimensões dos conteúdos – conceitual, atitudinal e procedimental. Por isso, teremos propostas de atividades, pesquisas, reflexões e discussões que tratam as dimensões de maneira concreta ao longo da prática pedagógica.

É preciso considerar, no entanto, que esse material aborda perspectivas de ensino das "lutas da escola". Para isso, a partir de todo o panorama apresentado na primeira parte do livro, abordaremos as lutas sem, com isso, nos aprofundarmos em uma ou mais modalidades específicas.

Dessa forma, não focaremos o ensino em nomes específicos de golpes de uma ou outra modalidade, nem mesmo nos aprofundaremos nas regras, normas e aspectos históricos de modalidades de luta em específico. Abordaremos aspectos mais gerais que possam contribuir para o ensino das "lutas da escola" por meio das perspectivas oriundas dos estudos sobre cultura corporal, dimensões dos conteúdos, praxiologia motriz, entre outros.

Esse não é um livro do ensino do judô, boxe, capoeira, caratê, dentre outras modalidades, na escola. É um livro que, a partir de compreensões de algumas áreas de estudo com interfaces educativas, propõe formas de tratar pedagogicamente o que denominamos de "lutas da escola".

Isso não impede que os professores, caso sintam a necessidade e tenham conhecimentos disponíveis em uma ou mais modalidades, aprofundem o ensino de algumas características próprias dessas práticas, sem que se especifique demais o processo de ensino e aprendizagem, de modo a "fechar" a prática pedagógica das lutas em apenas uma ou outra modalidade. Mais uma vez, o professor é responsável por avaliar o contexto no qual está inserido e considerar suas próprias estratégias e maneiras de tratar as lutas da escola.

AVALIAÇÃO

Independentemente da questão da nota, que também faz parte da prática pedagógica e precisa ser considerada, a avaliação deve ser encarada como uma forma de diagnosticar o andamento dos processos de ensino-aprendizagem. Por isso, avaliar deve ser sempre uma tarefa processual e contínua, para que seja possível viabilizar subsídios que façam o professor melhorar sua própria prática e favorecer a aprendizagem dos alunos.

A avaliação é sempre algo complicado e muito complexo, considerando a ampliação de suas formas quando se pauta a prática pedagógica nas dimensões dos conteúdos, além dos agravantes que possam existir, como excessivo número de alunos em sala, pouco tempo dedicado à avaliação, falta de instrumentos disponíveis, etc.

Acreditamos, no entanto, que é importante que o professor considere algumas formas de avaliação que possam auxiliar no diagnóstico, no prognóstico e na ressignificação da sua prática pedagógica. Dessa forma, é necessário que haja algumas formas de registro que podem ser os mais diversificados possíveis.

O professor pode construir questionários e aplicá-los com os alunos. Há ainda a possibilidade de observá-los individualmente e, a partir disso, realizar um *checklist*, ou seja, um instrumento que possa registrar suas observações.

A construção de diários de aula com o registro do que aconteceu durante a prática pedagógica também é uma opção interessante. Há também as formas mais tradicionais, como realização de provas, trabalhos e pesquisas que podem ser também empregadas.

Várias atividades propostas neste livro permitem que os professores avaliem os alunos em alguns aspectos, como nas propostas de pesquisas, atividades de assinalar, discussões, dentre outros. Ainda, propomos algumas reflexões que visam auxiliar os professores nos processos avaliativos. Finalmente, a cada final de capítulo, redigimos alguns questionamentos que também contribuem como mais um instrumento em que os professores podem se apoiar para a realização de suas avaliações.

6

As lutas, os jogos de luta e os aspectos universais

Em um primeiro olhar, talvez possa parecer estranho que se concebam as lutas da escola a partir de jogos, ou melhor, como jogos de luta. Mas o que isso quer dizer? Jogo de luta representa estratégias de vivência para as lutas da escola. Tais características correspondem às ações mais elementares nas quais as práticas corporais relacionadas ao ato de lutar fazem parte, ou seja, é uma forma de caracterizar os universais, os princípios comuns, as ações ligadas à lógica interna das lutas, independentemente das modalidades.

O que temos como características mais elementares das lutas, como princípios universais, independentemente de quais modalidades estamos abordando? Em todas as práticas corporais de lutas, há determinado nível de oposição entre as pessoas, por exemplo. Essa característica pode ser vinculada a essas práticas corporais. Que outras características podemos relacionar com as lutas e por que essa compreensão auxilia no trato das lutas da escola? Esses e outros questionamentos norteiam os objetivos específicos deste capítulo.

É importante frisar que usamos os "jogos de luta" como meio, como estratégia para ensinar as lutas, uma vez que é muito difícil por questões de tempo, formação, entre outras, ensinar cada uma das modalidades de luta existentes. Por isso e também por acreditar no potencial pedagógico dos jogos, optamos por ensinar os jogos de luta que, por sua vez, não deixam de extrair as características dessas modalidades para que os alunos possam ler e entender as lutas na sociedade.

ALGUMAS COMPREENSÕES SOBRE OS JOGOS

Os jogos serão compreendidos aqui como estratégias para o ensino significativo das lutas corporais. Primeiramente, é importante explicitarmos a razão de denominarmos as ações mais elementares das lutas como um jogo. Há muitas definições sobre jogo e não vamos nos aprofundar nessa questão, contudo, consideramos as ações motoras das lutas como jogo, uma vez que representam simbolicamente e de forma lúdica vivências corporais relacionadas às práticas de luta, de forma adaptada e didática, com fins educacionais para a escola.

Huizinga (1971) define o jogo como uma atividade livre, capaz de absorver quem está inserido nesse universo simbólico. Além disso, é praticado dentro de determinados limites espaciais e temporários, seguindo uma certa ordem e certas regras. O jogo é capaz de unir pessoas para fins em comum, sendo uma das manifestações mais elementares dos seres humanos.

Freire (2005) aponta que o jogo é uma representação da realidade, porém, isso não o coloca como algo para além das atividades humanas. De acordo com o autor: "[...] o jogo não é um caso à parte das demais atividades humanas. Como todas, é vida manifestando-se e, como elas, manifestando-se de maneira típica, apenas quando encontra ambiente fértil para isso" (FREIRE, 2005, p. 65).

Huizinga (1971) define as funções do jogo em duas: uma luta por alguma coisa ou uma representação de alguma coisa, funções estas que podem vir a coadunarem entre si. Ou seja, o jogo é uma representação simbólica da realidade permeada pelo universo do lúdico que o constitui como atividade humana.

Freire e Scaglia (2004, p. 33, grifo nosso) concebem o jogo como uma metáfora da vida, uma forma de simulação lúdica da realidade, "[...] que se manifesta, se concretiza, quando as pessoas praticam esportes, **quando lutam,** quando fazem ginástica, ou quando as crianças brincam".

Freire (2005) leva em consideração a perspectiva de quem pratica o jogo. De acordo com o autor:

> O jogo é uma coisa nova feita de coisas velhas. Quem vai ao jogo leva, para jogar, as coisas que já possui, que pertencem ao seu campo de conhecimento, que foram aprendidas anteriormente em procedimentos de adaptação, de suprimento de necessidades objetivas. Os ingredientes do jogo, portanto, são as coisas velhas fechadas pela objetividade que marcou sua aprendizagem. (FREIRE, 2005, p. 119).

O jogo é permeado por um grande potencial educativo, o que justifica sua inserção na escola. Scaglia (2004) afirma que o aluno deve ir à escola não apenas para jogar ou aprender a brincar e nem mesmo aprender saberes pelo jogo de forma descontextualizada. Os alunos devem ir à escola para trabalhar e viver plenamente o jogo, aprendendo com e pelo jogo, jogando de forma encadeada por situações contextualizadas (SCAGLIA, 2004).

Da mesma forma, Freire (2005, p. 108) faz o seguinte questionamento: "[...] como esse jogo deve ser praticado de forma que sem a presença do professor não aconteceria?". Ou seja, nas aulas de educação física na escola é preciso ter uma compreensão do jogo como uma ferramenta pedagógica que contribua para a prática docente durante os processos de ensino e aprendizagem.

Por isso, compreender as lutas da escola por meio de jogos significa permear a aprendizagem de maneira lúdica e criativa, dinamizada por ações ligadas à esfera do jogo, mas que contribuam para os processos de ensino-aprendizagem, tendo o jogo como meio e como fim desses processos. Rodrigues (2009) aponta que o jogo é um instrumento pedagógico a serviço de uma escola axiológica que tenha como objetivo formar alunos intervenientes no mundo. Eis aqui uma das importâncias fundamentais ao ensino das lutas por meio dos jogos.

O autor considera, ainda, que a opção pela utilização de jogos de maneira crítica e criativa exige que os professores de educação física tenham conhecimentos sobre os diferentes jogos, permitindo a eles identificarem as características e os elementos próprios de cada jogo, adaptando-os aos objetivos pretendidos.

A partir da compreensão de jogo, que características podemos elencar como elementos básicos e universais que compõem a prática das lutas da escola? Anteriormente observamos algumas definições sobre as lutas, como a de Gomes (2008), que elenca as características de imprevisibilidade, nível de contato, ações defensivas/ofensivas, regras e alvo móvel (sendo o oponente) como alguns dos elementos que compõem o repertório motriz dessas práticas corporais.

Outro autor que considera a compreensão de jogos ao abordar as lutas é Henares (2000), que aponta que os esportes de luta e de oposição estão incluídos no conjunto dos jogos de luta. O autor afirma que o termo "jogos de luta" é algo mais geral na qual estão inseridos os esportes de luta.

Nakamoto et al. (2004) também consideram que as lutas são uma categoria de jogo, regida pela lógica da oposição, que possui como características específicas o ataque e a defesa de "alvos intrínsecos", ou seja, os indivíduos, além da possibilidade de ataque simultâneo.

Por meio dessas e de outras definições, chegamos a algumas características que compõem os elementos universais das lutas corporais da escola, os quais podem ser compreendidos por: oposição; regras; imprevisibilidade/previsibilidade; ações defensivas e ofensivas simultâneas; nível de contato; alvo móvel personificado no oponente; e enfrentamento físico direto/indireto. Abordaremos brevemente cada um dos universais a seguir.

OPOSIÇÃO

A característica de oposição talvez seja um dos elementos mais visíveis que compõem os aspectos universais das lutas corporais. De maneira geral, há determinado nível de oposição em qualquer modalidade de luta, independentemente de seus objetivos e regras.

A característica de oposição é tão presente na consideração das lutas que Olivier (2000), por exemplo, opta pela expressão "jogos de oposição" para descrever as atividades de luta para crianças. Consideramos a expressão "oposição" como fundamental para a compreensão dos jogos de luta, no entanto, ela não responde a todas as expressões ligadas à lógica interna das lutas.

Oposição é uma das ações que podemos relacionar com as lutas. Contudo, não é a única. Algumas modalidades de luta como o judô e o *jiu jitsu*, embora utilizem de ações de oposição, às vezes, para se atingir os objetivos, é necessário não se "opor", e sim usar a própria ação do adversário contra ele mesmo. A frase "ceder para vencer", comumente veiculada a essas modalidades, é um exemplo disso. Ao executar uma técnica de queda de sacrifício no judô ou uma raspagem com ida para as costas no *jiu jitsu*, por exemplo, não há oposição, mas sim utilização das próprias ações dos oponentes, a nosso favor.

Por essa questão, compreendemos que a "oposição" é uma das ações que compõem o repertório das lutas da escola e, consequentemente, dos "jogos de luta", não sendo o único elemento que constitui suas características universais, mas possuindo importância e características peculiares que precisam ser consideradas na hora de se conceberem as lutas da escola.

REGRAS

Para que possa haver a realização das lutas, é necessário que determinadas regras sejam instituídas, mesmo que possam ser modificadas pelos professores e até mesmo pelos alunos por meio de processos democráticos de consenso e discussão.

Huizinga (1971) admite que o jogo cria ordem e é ordem, uma vez que, para o jogo existir, é necessário haver ordem sem a qual ele é estragado. O autor aponta ainda que: "[...] todo jogo tem suas regras. São estas que determinam aquilo que 'vale' dentro do mundo temporário por ele circunscrito" (HUIZINGA, 1971, p. 14).

Alves (2001) também considera as regras como algo imprescindível para que o jogo possa ocorrer. De acordo com o autor:

> Pois o espaço da escola tem de ser como o espaço do jogo: o jogo, para ser divertido e fazer sentido, tem de ter regras. Já imaginaram um jogo de vôlei em que cada jogador pode fazer o que quiser? A vida social depende de que cada um abra mão da sua vontade, naquilo em que ela se choca com a vontade coletiva. (ALVES, 2001, p. 68).

A existência de todo e qualquer jogo de luta está atrelada à presença de regras que configuram formas de ação e orientam os jogadores nas suas práticas e processos de tomada de decisão. Não é possível a realização de nenhum jogo de luta em meio ao caos. Isso não significa que as regras que compõem os jogos de luta precisam ser rígidas e institucionalizadas. Porém, é preciso ter clareza das normas e regras necessárias para potencializar as ações motrizes e pedagógicas dos jogos de luta.

IMPREVISIBILIDADE/PREVISIBILIDADE

Para que o jogo possa acontecer, é preciso haver determinado nível de imprevisibilidade nas ações dos jogadores. Um jogo plenamente previsível torna-se maçante e destituído de ludicidade. De acordo com Freire (2005), a imprevisibilidade proporciona sabor ao jogo.

No entanto, determinados jogos podem apresentar maior nível de imprevisibilidade em comparação com outros. Como veremos mais adiante, a questão imprevisibilidade/previsibilidade se constitui como um dos aspectos mais importantes para se delimitar as lutas, ou seja, conseguimos distinguir claramente uma prática previsível de uma imprevisível quando estamos analisando as lutas.

Dessa forma, considerando um *continuum* no qual em um extremo está o maior nível de previsibilidade possível e no outro o maior nível de imprevisibilidade possível, as atividades de forma e demonstração, como os *katas* e *katis,* penderiam mais para o lado da previsibilidade, ao passo que as práticas de lutas com oposição, sejam elas de curta, média ou longa distância, penderiam mais para o lado da imprevisibilidade.

A característica da previsibilidade e da imprevisibilidade das ações das lutas é determinante para a concepção dos jogos de luta, devendo ser consideradas como um dos universais dessas práticas, presentes nas ações de qualquer modalidade ou ação motora dessas práticas corporais, sendo também característica de qualquer outro jogo.

AÇÕES DEFENSIVAS E OFENSIVAS REALIZADAS SIMULTANEAMENTE

Nas lutas, de maneira geral, as ações defensivas e ofensivas são realizadas de modo simultâneo, ou seja, diferente de um jogo de futebol, onde é visível a diferenciação entre a equipe que ataca e a que defende, nas lutas, essas ações acontecem sem muita delimitação, fato que as reveste de algumas particularidades. Por exemplo, em comparação com o futebol americano, no qual há dentro de uma mesma equipe atletas diferentes para o ataque e a defesa, nas lutas, normalmente isso não é possível, uma vez que um mesmo praticante realiza suas ações defensivas e ofensivas em uma simbiose de ações, sempre considerando as reações do oponente.

A presença do contra-ataque é então elemento fundamental nesse contexto, fazendo parte em diversas modalidades de luta, ilustrando a relação direta entre ações defensivas e ofensivas. Um lutador pode realizar uma ação ofensiva e se expor ao seu oponente que pode realizar com sucesso uma ação defensiva e já emendar uma reação de contra-ataque ao oponente, a partir de sua reação ofensiva inicial. Esse, por sua vez, pode realizar outra ação defensiva e contra-atacar novamente.

As possibilidades são inúmeras e variam de acordo com as especificidades de cada modalidade e de cada objetivo em questão. No entanto, independentemente da modalidade, é preciso que se compreenda que as lutas exigem de seus praticantes habilidades, conhecimentos e saberes em diferentes processos defensivos e ofensivos para que obtenham sucesso em seus processos de tomada de decisão. É preciso considerar ainda a reação adversária, que ditará a próxima ação a ser realizada em um imbricado processo de ações defensivas e ofensivas.

NÍVEL DE CONTATO

Os jogos de luta exigem contato entre os jogadores. Essa é uma prerrogativa básica para que seja caracterizado como uma prática de luta. O que varia é o nível de contato entre os jogadores de acordo com os objetivos e pretextos de cada modalidade e a distância de realização das ações.

Assim, algumas práticas exigem um nível de contato maior entre os praticantes como o que ocorre nas modalidades de curta distância, no qual o contato é determinante para a efetivação das ações motoras, sendo mais estreito e direto entre ambos os praticantes. Como exemplos de ações com nível de contato elevado temos o judô, o *jiu jitsu*, o sumô, o *wrestling,* entre outros que necessitam de grande contato entre os lutadores.

Nas práticas de média distância também há um determinado nível de contato, embora com características diferentes das práticas de curta distância, sendo um contato menos proporcionado pelas ações de agarrar e mais vinculado às ações de toque ou percussão no outro. Por exemplo: no caratê, *kung fu, taekwondo,* entre outras modalidades, as ações são realizadas geralmente com uma distância maior entre os lutadores em comparação às práticas de curta distância, privilegiando ações de socos e chutes entre os envolvidos nas ações.

Finalmente, as práticas de longa distância apresentam um contato intermediado por implementos, independentemente de quais sejam esses objetos, o que também diferencia as formas de realização desse contato e, consequentemente, as ações motoras proporcionadas por essas práticas. Como exemplo, temos a esgrima, o *kendo,* entre outras práticas que se utilizam de materiais tais como espadas ou outros para a efetivação de suas ações. Há ainda formas mistas que incluem maneiras de contato diferentes, entre elas, a mais popular é o MMA ou Artes Marciais Mistas que apresentam a união entre as práticas de curta e média distância.

Ou seja, o nível de contato é uma característica determinante que modifica as compreensões que se tem de cada prática e, consequentemente, interfere nas ações motoras que devem ser realizadas pelos praticantes. O nível de contato é um dos elementos universais que fazem parte dos jogos de luta, por isso, utilizamos essa forma de divisão para o ensino das lutas da escola.

ALVO MÓVEL PERSONIFICADO NO OPONENTE

Gomes (2008) em sua definição de luta a caracteriza como tendo como objetivo um alvo móvel, personificado na figura do oponente, ou seja, da outra pessoa na qual se está relacionando ao longo do jogo de luta.

É preciso ter clareza de que as lutas são uma das poucas práticas corporais – quiçá as únicas – nas quais o alvo é o oponente. Em outras práticas corporais como o futebol americano ou o rúgbi, por exemplo, há um estreito contato entre os praticantes, porém, o alvo dessas modalidades está em extremos opostos do campo, sendo necessário um ganho de território por meio da invasão ao campo adversário.

Nas práticas das lutas, entretanto, o alvo é o oponente, seja diretamente como no caso de um soco (no boxe, caratê, *muay thai,* entre outras modalidades) ou uma finalização (p. ex., no *jiu jitsu*), seja indiretamente, como no caso da exclusão de um determinado espaço (como no sumô), ou no contato de alguma parte do corpo do adversário ao solo (p. ex., no judô).

Essa característica é imprescindível para a compreensão dos jogos de luta, pois as ações motoras, sejam elas quais forem, vão desencadear objetivos que passarão em algum momento pelo contato com o oponente, seja direta ou indiretamente, permeado ou não por objetos. Por isso, essa é mais uma característica fundamental dos jogos de luta e que compõem um dos aspectos universais das lutas.

ENFRENTAMENTO FÍSICO DIRETO/INDIRETO

Essa última característica universal das lutas da escola permite classificá-las com a terminologia do "enfretamento", ou seja, da relação por um determinado período e em um determinado espaço com algum oponente, seja ele imaginário (virtual) ou não, de forma a realizar algum embate corporal.

Os PCNs (BRASIL, 1998) classificam essas ações ligadas às lutas corporais como formas de subjugar a outra pessoa. De fato o ato de subjugar está presente nas ações de inúmeras práticas corporais, porém, acreditamos que elas não definem por completo todas as ações motoras ligadas às lutas corporais.

Dessa forma, os jogos de luta são mobilizados por ações motoras que envolvem a esfera do enfrentamento entre pessoas de diferentes formas e em contextos variados de ação, podendo ser realizado de forma direta ou intermediado por implementos, como espadas.

O enfrentamento físico por meio de ações de oposição, subjugação, estratégias de ataque, defesa e contra-ataque, entre outros, compõem as lutas da escola e os jogos de luta, concebidos aqui como as formas mais elementares nas quais estão inseridos os elementos universais das lutas corporais. A Figura 6.1 ilustra essa questão.

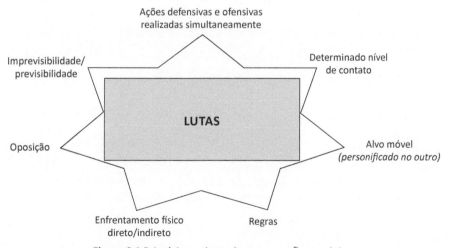

Figura 6.1 Princípios universais que compõem as lutas.

7

Classificação das lutas baseada nas distâncias, nas ações estabelecidas e nas intenções possíveis

Buscaremos, a partir de agora, nos aprofundar mais nos entendimentos sobre as práticas de luta mais imprevisíveis, baseadas na oposição direta. Como já dissemos, nossa proposta de tratamento didático pedagógico das lutas na escola não se prende às modalidades em si, embora, de algum modo, elas possam ser compreendidas e analisadas constantemente ao longo das ações.

Acreditamos que a questão da distância é um fator central e determinante nas lutas, no qual os aspectos universais estão relacionados. Ou seja, a proximidade entre as pessoas que lutam é um fator central para diferenciar as ações que essas pessoas farão, o que indica a necessidade de compreender as diversas distâncias possíveis de serem desenvolvidas nas lutas. Assim, há características bastante evidentes entre uma ação realizada em uma distância mais próxima e uma distância maior entre os envolvidos.

Determinamos a divisão das distâncias em quatro níveis possíveis: curta, média, longa e mista. A Figura 7.1 representa as divisões das lutas proporcionadas pelas distâncias estabelecidas entre as ações.

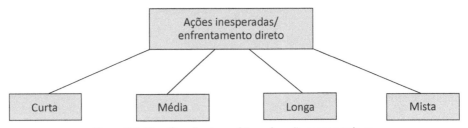

Figura 7.1 Classificação das práticas de ação inesperada ou de enfrentamento direto a partir da conceituação das distâncias.

O ensino das lutas na escola **69**

As distâncias nas lutas estão dispostas de forma a proporcionar que determinadas ações sejam realizadas. De fato, as ações realizadas com uma maior proximidade entre os envolvidos tende a ser bem diferente das ações desenvolvidas entre uma maior distância. De modo geral e para efeito didático, as ações empreendidas nas lutas podem ser de duas formas: agarre e toque.

AS AÇÕES DAS LUTAS: TOQUE E AGARRE

A compreensão das distâncias contribui de maneira bastante significativa para o entendimento das lutas. No entanto, talvez só pela distância não seja possível compreender que tipo de ação motriz está relacionado com cada momento de prática dos jogos de luta.

Sendo assim, visando relacionar a compreensão das distâncias das lutas, podemos elencar dois tipos básicos de ação: ações de toque e agarre. Explicaremos brevemente cada uma dessas ações a seguir.

As ações de agarre

As ações de agarre são, basicamente, aquelas relacionadas às práticas de curta distância. Como vimos, as ações de curta distância estão relacionadas ao agarramento da outra pessoa. As regras divergem de acordo com cada modalidade, porém, nessas práticas, por diferentes formas, objetiva-se agarrar, segurar, aproximar-se do oponente visando enfrentá-lo. Ou seja, por meio da curta distância, as ações das lutas resumem-se em enfrentar a outra pessoa por meio de ações de agarre, que podem apresentar diferentes objetivos, de acordo com cada modalidade.

Podemos citar como exemplos as ações do sumô, que representam formas de agarre, visando excluir o espaço do outro envolvido durante a ação. No *jiu jitsu* e no judô, por exemplo, essas ações modificam-se um pouco por meio da inclusão do agarre na vestimenta do oponente (*kimono* ou *judogui*).

As ações de agarre estão relacionadas às práticas de curta distância, uma vez não ser possível realizar essas ações com uma distância maior entre os envolvidos. Da mesma forma, as práticas de curta distância, ou corpo a corpo, não possibilitam de maneira efetiva a realização de outras ações (p. ex., o toque) devido à proximidade dos envolvidos. Sendo assim, estabelece-se uma relação fundamental entre as práticas de curta distância com as ações de agarre, conforme veremos nas propostas de atividades.

As ações de toque

As ações de toque, por sua vez, relacionam-se com as práticas de média e longa distância. Nessas ações, é enfatizado o toque entre os envolvidos, ou seja, formas de encostar, tocar, percutir o corpo da outra pessoa por diferentes meios ou modos. É possível realizar socos, chutes, joelhadas, cotoveladas, entre outras formas.

As ações de toque não exigem uma proximidade muito grande entre os envolvidos, aliás, é importante que haja certa distância para haver eficácia na realização das ações de toque, por isso que estas ações estão vinculadas às práticas de média e longa distância.

Ações ligadas ao toque podem se constituir de duas formas: toque realizado diretamente na outra pessoa ou toque intermediado por algum implemento.

Toque realizado diretamente no outro

As ações motrizes de toque realizado diretamente no outro são ligadas às práticas de *média distância*. Por meio de diferentes modos, regras e objetivos que variam em cada uma das práticas, há a intenção de encostar, tocar na outra pessoa. Esse toque, por sua vez, é realizado diretamente na outra pessoa, não havendo assim nenhum objeto que faça essa ligação entre os praticantes.

Exemplos de práticas de média distância com toque realizado diretamente no outro são: boxe, *muay thai*, *kick boxing*, savate, caratê, entre outros.

Toque intermediado por algum implemento

As ações motrizes de toque intermediado por algum implemento, conforme o próprio nome representa, são aquelas em que ainda há a permanência de ações de toque entre os envolvidos, mas essas ações são intermediadas por meio de algum implemento que se constitui parte significativa dessas práticas. O toque intermediado por implemento tem a peculiaridade de não proporcionar o contato direto entre os praticantes e sim o contato intermediado por algum objeto. Dessa forma, esse toque está vinculado às práticas de *longa distância*.

Exemplos de práticas de longa distância com toque intermediado por algum implemento, como já vimos são: esgrima, *kendo*, *kempo*, entre outros.

AS AÇÕES DE AGARRE/TOQUE

Se as práticas de distância mista são aquelas que combinam duas ou mais distâncias em suas ações, possibilitam, dessa maneira, uma combinação das ações motrizes relacionadas. Ou seja, as práticas de distância mista combinam ações de agarre e toque.

Isso significa que as práticas com distância mista, pelo fato de combinarem duas ou mais distâncias em suas ações motrizes, proporcionam uma combinação das ações utilizadas, ora de agarre, ora de toque, dependendo da situação empregada, do momento e das regras relativas à modalidade em questão.

Um exemplo de visualização das ações de agarre/toque está no MMA. Um praticante pode, por exemplo, realizar um soco no outro praticante – uma ação de toque. Este, por sua vez, pode encurtar a distância e aplicar uma queda agarrando o oponente – uma ação de agarre. As combinações são inúmeras e variam a cada situação de combate.

Dessa forma, a Figura 7.2 ilustra a classificação das ações motoras elementares das lutas da escola e sua relação direta com a questão da distância discutida anteriormente.

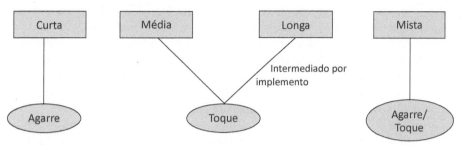

Figura 7.2 Classificação das ações motoras elementares das lutas da escola.

AS INTENÇÕES DAS LUTAS: DIRETO E INDIRETO

A compreensão da distância e da ação é fundamental para entender a lógica interna das lutas. Há ainda um último elemento fundamental que pode ser considerado: a forma de realização dessa ação, que pode ser direta, quando o oponente é o final da intenção, ou indireta, quando o oponente é o meio para uma outra finalidade. Explicaremos cada uma dessas intenções separadamente a seguir.

A intenção direta

Existe intenção direta quando a ação que se objetiva tem o outro como finalidade, ou seja, é ele o objetivo final da ação motriz. Independentemente da distância, se objetiva, de diferentes modos, atingir, golpear, segurar, agarrar, entre outras ações, tendo como objetivo final o outro.

A intenção direta existe em todas as distâncias: curta, média, longa e mista. Daremos alguns exemplos para explicar cada uma dessas distâncias relacionadas à esta intenção. No *jiu jitsu*, por exemplo, uma modalidade corpo a corpo de curta distância, é possível ter como objetivo realizar determinados golpes, como chaves em algumas articulações ou golpes de estrangulamento no pescoço, visando a desistência ou submissão do oponente. Dessa forma, o oponente é o objetivo final da ação e, com os golpes, objetiva-se diretamente atingi-lo, de diferentes formas.

Já no boxe, por exemplo, uma modalidade de média distância, quando se objetiva socar o rosto da pessoa com a intenção de pontuar – como no caso do boxe olímpico –, o outro é novamente a intenção direta dessa ação, ou seja, é o fim da ação. Da mesma forma no *taekwondo*, quando um praticante objetiva chutar o tronco do outro praticante para pontuar, por exemplo. Essa ação pode ser concebida como o fim, pois o objetivo da ação está no encostar-se ao outro.

Nas práticas de longa distância, de maneira similar, há a intenção direta quando se objetiva tocar, encostar o implemento na outra pessoa visando ao outro como finalidade, ou seja, visando a pontuar ou encerrar o combate por meio do toque do implemento no outro. A ação de encostar a ponta da espada da esgrima, visando a pontuar, por exemplo, pode ser considerado como uma ação de longa distância com intenção direta.

Finalmente, as práticas de distância mista, por meio da combinação de duas ou mais distâncias e combinação de ações de toque e de agarre, proporcionam diferentes formas de realização de intenções diretas. No MMA, por exemplo, quando se objetiva finalizar o adversário, ou acertá-lo em algum momento – como quando um dos praticantes está no chão e o outro está por cima, desferindo socos em uma situação conhecida popularmente como *ground and pound* –, a intenção é direta, ou seja, o oponente é a finalidade do objetivo proposto.

A intenção indireta

A intenção indireta, por sua vez, está relacionada à utilização do outro como meio para atingir um determinado fim. Ou seja, há o contato direto entre os oponentes – característica básica universal das lutas. Porém, esse contato apresenta outros objetivos que não se resumem simplesmente em acertar, tocar ou agarrar o oponente (mas utilizam-se essas ações como meios). Vamos a alguns exemplos que podem facilitar nossa compreensão em cada uma das distâncias: curta, média, longa e mista.

No judô, por exemplo, uma modalidade de curta distância, em alguns momentos, como na realização de uma projeção, há o contato direto entre os envolvidos por meio de situações de agarre, mas que não se resumem simplesmente nesse agarre ao outro. Há um outro fim, que é projetar o adversário com as costas no solo, ocasionando o *Ippon* e, consequentemente, a vitória de quem realizou o golpe. Ou seja, o contato com o outro é o meio para a finalidade de projetar este outro ao solo, da mesma maneira que no *wrestling*. No sumô, da mesma forma, há o contato entre os oponentes por meio de situações de agarre, porém, o objetivo é derrubar ou excluir o outro do espaço estipulado, também se configurando como sendo de uma intenção indireta.

No boxe, por sua vez, uma modalidade de média distância, por mais que haja a intenção direta ao desferir um soco no oponente, por exemplo, o objetivo de quem desferiu o soco pode ser outro, ou seja, além de tocar o outro, objetiva-se fazê-lo cair, situação que ocasiona um nocaute, quando o oponente não tem mais condições de voltar ao combate. Ou seja, a intenção depende das pretensões de quem as realiza. Se um lutador de boxe objetiva simplesmente acertar o outro visando a pontuar, a intenção é direta; caso ele objetive acertar o outro por meio de várias situações de toque até que o outro seja nocauteado, a intenção se configura como indireta.

Nas práticas de longa distância pode ser que as intenções também se configurem como indiretas. Isso se dá, por exemplo, caso haja alguma forma de, por meio do toque intermediado por algum implemento, exclusão do outro de um espaço estipulado, ou objetivando derrubar o outro pelo contato de toque com implemento. Embora tradicionalmente não seja muito comum encontrar modalidades de longa distância de toque indireto, é possível adaptar alguns jogos de luta com essas características.

De forma semelhante, nas práticas de distância mista, é possível também que as ações empregadas sejam de característica indireta. Isso se configura no MMA, por exemplo, quando um oponente tem por objetivo um nocaute por meio de socos e chutes, ele está realizando uma intenção indireta de toque em seu oponente.

RESUMINDO

Destaca-se que, para se analisar as ações – toque, agarre e agarre/toque – e as intenções – direto e indireto –, é preciso analisar cada ação motora existente em uma luta corporal. Ou seja, a mesma prática apresenta, possivelmente, mais de uma forma de ação motora e diversas intenções. Assim, é preciso analisar cada ação motora em específico para compreender a distância, a ação e a intenção existente. Em uma luta de 5 minutos, por exemplo, estão enquadradas diversas ações diferentes, cada qual com suas particularidades e especificidades.

A seguir, na Figura 7.3, está representada a classificação das ações inesperadas/oposição direta das lutas da escola, tanto pela distância existente quanto pela ação motriz e, finalmente, pela intenção por detrás de cada uma dessas ações.

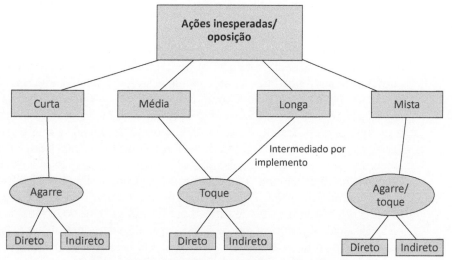

Figura 7.3 Classificação das ações de oposição direta das lutas da escola com base em distância, ação e intenção.

8

Propostas para o ensino da capoeira nas aulas de educação física: possibilidades e intervenções para a prática pedagógica

Luciana Maria Fernandes Silva

A CAPOEIRA COMO PRÁTICA DE LUTA (E JOGO, DANÇA, BRINCADEIRA OU ESPORTE)

A capoeira é uma das manifestações da cultura corporal de movimento que representa a identidade cultural brasileira e pode ser definida como jogo, dança, brincadeira, esporte e como luta, sendo esta sua mais significativa expressão (SILVA; GONZALEZ, 2010). Além de apresentar essas diferentes faces, a capoeira ainda difere da maioria das lutas por ser acompanhada por instrumentos musicais, músicas, palmas e cantos, inerentes a sua realização.

Além dessas peculiaridades, alguns autores têm procurado separá-la dos conteúdos das lutas nas aulas de educação física, até para dar destaque e reconhecimento a essa prática corporal. Dessa forma, mesmo que em linhas gerais, consideramos importante compreender um pouco mais essa manifestação corporal, especificamente, neste capítulo, propondo possibilidades de intervenção que contribuam para sua inclusão nas aulas de educação física.

A capoeira apresenta-se como prática de luta desde suas origens, uma vez por ter sido criada pelos negros africanos, em terras nacionais, que a utilizaram como luta para se libertar da escravidão no Brasil Colônia. Durante o período imperial, continuou sendo utilizada como luta pelos negros para se defenderem de ataques e perseguições policiais, prisões e racismo, chegando a ser incluída no Código Penal Brasileiro de 1890 como contravenção, proibindo sua prática.

A capoeira então se realizava disfarçadamente, como dança, brincadeira e até mesmo outro tipo de luta, como no Rio de Janeiro, chamada de "pernada carioca", e assim manteve-se por, aproximadamente, 40 anos, sendo liberada a sua prática em 1934 (FALCÃO, 2004; GOULART, 2005). Em 2008, foi reconhecida como bem cultural, registrada pelo governo brasileiro, tornando-se patrimônio nacional (OLIVEIRA; LEAL, 2009). Dessa forma, a capoeira foi se recriando e multiplicando seus sentidos e hoje se apresenta de maneira multifacetada. Ela foi reconhecida, inclusive, como Patrimômio Cultural e Imaterial da Humanidade pela Organização das Nações Unidas para a Educação, a Ciência e a Cultura (UNESCO).

Dentro da proposta deste livro, que busca tratar as lutas a partir de sua lógica interna, classificando-as em suas relações com as distâncias estabelecidas entre seus oponentes (curta, média, longa e mista), compreende-se que a capoeira se define como uma luta predominantemente de distância média, podendo haver uma maior aproximação, quando se tem a curta distância em algumas ações específicas.

Dessa maneira, o jogo de capoeira, em sua maior parte, representa uma simulação de luta, sem tocar no outro. Os golpes são desferidos, um dos capoeiristas ataca, o segundo esquiva e muitas vezes é demonstrado que um poderia atingir o outro caso quisesse, mas não o faz, em respeito à sua integridade.

De acordo com Silva (2008), a capoeira caracteriza-se por uma luta de movimentos fluidos e contínuos que estabelecem as distâncias. O fato de não haver o toque entre os jogadores, na maior parte do jogo, é que mantém a fluidez e a circularidade da luta, além de evitar que a integridade física dos capoeiristas seja atingida. Os golpes girados, principalmente, atingem um alto nível de velocidade e potência que poderiam se tornar violentos, o que não é objetivo da capoeira, e muito menos da capoeira da escola.

Desse modo, compreende-se aqui que se realiza de forma circular referindo-se à forma do jogo em si, pois a luta se desenvolve circularmente, podendo-se considerar, metaforicamente, ser um jogo corporal de "perguntas e respostas" (ataques e defesas), originando-se da ginga (movimento básico da capoeira) e a ela retornando.

Assim sendo, o capoeirista vai desenhando uma espiral pontilhada imaginária com seu corpo, resultante da movimentação circular, que se configura em diferentes nuances, ritmos, espaços e planos, a partir de sua criatividade e subjetividade. Durante o jogo as espirais pontilhadas dos dois capoeiristas se mesclam (Fig. 8.1), expandindo-se e recolhendo-se, conforme esclarece Silva (2008): "[...] o movimento é curvo, porém em espiral [...]. Um círculo fazendo parte de outro sem completar-se nunca, pela constante expansão e recolhimento" (SILVA, 2008, p. 24). Dessa forma, a expansão e o recolhimento traduzem as distâncias que os capoeiristas vivenciam durante o jogo.

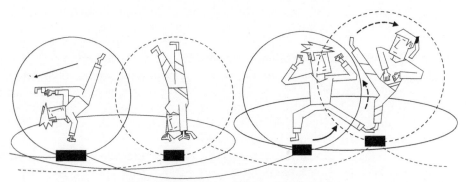

Figura 8.1 Espirais pontilhadas mesclando-se.

Além disso, conforme visto no Capítulo 6, dentro das características que compõem as lutas corporais da escola, a capoeira apresenta os seguintes elementos básicos e universais: a oposição; as regras; a imprevisibilidade/previsibilidade; as ações defensivas e ofensivas simultâneas; o alvo móvel personificado no oponente; e o enfrentamento físico direto/indireto. O nível de contato também acontece na capoeira, contudo, não será aqui considerado, visto que, em nosso entendimento, as ações motoras que correspondem a esse elemento são mais complexas e o professor de educação física não dispõe de tempo, durante o ano escolar, para desenvolvê-las, apesar de ser possível.

Pode-se, então, concluir que a capoeira tem características de luta prioritariamente de média distância, porém, ela tanto se utiliza quanto transforma-se em jogo, brincadeira, dança de diferentes ritmos ditados e envolvidos pelo som do berimbau para se desenvolver, embora possa haver variações de acordo com as características de cada grupo de capoeira, devido às origens e à trajetória histórica dessa prática corporal.

CAPOEIRA COMO CONTEÚDO DA EDUCAÇÃO FÍSICA

A capoeira, antes praticada de maneira informal nas ruas, chegou a ser proibida (1890 a 1930) e, após sua liberação, começou a ser ensinada em estabelecimentos de ensino não formais, inicialmente em 1937, quando foi fundado o Centro de Cultura Física Regional, em Salvador (BA), por Manoel dos Reis Machado – Mestre Bimba. Em seguida, em 1941, Vicente Ferreira Pastinha – Mestre Pastinha – abriu sua academia, o Centro Esportivo de Capoeira Angola, também na Bahia (GONÇALVES JÚNIOR, 2009).

Segundo Campos (2001), após muitos caminhos percorridos nas academias, a capoeira veio sendo praticada nos estabelecimentos formais de ensino, ainda antes da década de 1980, de forma extracurricular e hoje está presente na integralização curricular dos cursos de educação física de várias universidades e faculdades brasileiras, pressupondo sua presença no âmbito escolar.

A partir da década de 1980, a cultura corporal passou a ser um dos principais conceitos da educação física, considerando o ser humano em suas manifestações culturais relacionadas ao corpo e seus movimentos em diferentes conteúdos: o jogo, os esportes, as lutas, as danças e a ginástica (SOARES et al., 1992). Assim, na perspectiva da cultura, a capoeira começa a ser defendida como uma possibilidade de conteúdo para a educação física escolar.

Conforme visto no Capítulo 1, algumas obras de referência da área, como Soares et al. (1992), os Parâmetros Curriculares Nacionais (PCNs) (BRASIL, 1998), Darido e Rangel (2005), dentre outros, sugeriram a capoeira como tema das aulas de educação física, o que a colocou em evidência para ser utilizada no contexto escolar.

De acordo com Campos (2001), a capoeira adentrou os espaços escolares devido a sua aproximação com a educação física, pois, a partir do momento em que ela reconhece os potenciais da capoeira em seus valores educativos, esportivos e culturais, apropria-se de seus conteúdos, inserindo-os nos programas das escolas.

No Capítulo 3, foi possível verificar que a capoeira aparece em 100% das propostas curriculares de 17 estados brasileiros, dentro da temática das lutas, como prática corporal a ser desenvolvida na educação física. Corroboram Silva e Darido (2011) também em análise às propostas curriculares, porém, mais especificamente, e, para além disso, esclarecem que a capoeira é sugerida como jogos e brincadeiras em Minas Gerais; e em Rondônia e no Rio Grande do Sul, como dança. No que diz respeito à fase escolar para a qual é recomendada, as propostas são divergentes, pois ora é atribuída do 6º ao 9º ano, ora somente para o 6º ano, ou 5º ano, ou ainda para o ensino médio.

A capoeira passou e passa por diversas transformações de acordo com o período histórico e contexto social a que esteve e está submetida. É uma prática cultural viva que é constantemente reinventada, sendo seus sentidos, formas e maneiras de jogar, multiplicados (VIEIRA; ASSUNÇÃO, 2009). Razões estas que podem afetar as diferentes visões que os estados brasileiros, em suas propostas curriculares, propõem sobre sua aplicação nas escolas.

Por meio da vivência de seus fundamentos, a prática da capoeira na escola, se bem conduzida, possibilita o desenvolvimento da autonomia, da cooperação e participação social, de postura não preconceituosa, do entendimento do cotidiano pelo exercício da cidadania, sobretudo ao participar da roda de capoeira.

A roda é de fundamental importância, na qual os alunos colocam em prática todos os seus saberes corporais, ritualísticos, de canto e instrumentais, e podem vivenciar diferentes valores humanos. Nela, por exemplo, experimentam a cooperação, pois cantam, tocam e batem palmas para mantê-la funcionando. Vivenciam a autonomia por meio da liberdade de criar seu jogo de acordo com a necessidade do momento e sua criatividade. Pode ainda ser um momento de socialização, de afetividade e de ludicidade entre os participantes.

Concorda-se com Silva e Heine (2008) quando propõem também a capoeira da escola para que possa ser utilizada em todas as suas multifaces de luta, de arte, de ritmo, de jogo, de instrumentação, de brincadeira, de expressão corporal, de historicidade, conforme expressa João Batista Freire, quando comenta que "[...] integrar a Capoeira na Educação Física é simplesmente dizer que nossa educação deve ter como ponto de partida aquilo que nos faz mais brasileiros. [...] que linda a educação que encanta, jogada, dançada" (SILVA; HEINE, 2008, p. 16).

Como um dos patrimônios da cultura, que representa o país internacionalmente, é importante que a capoeira seja desenvolvida como conteúdo das aulas de educação física, tendo várias possibilidades de ser abordada. Sob a perspectiva das três dimensões dos conteúdos propostas por Coll et al. (2000), a procedimental, a conceitual e a atitudinal, pode-se ampliar seu desenvolvimento na escola, para além da prática das ações motoras.

Contudo, como seria, no cotidiano escolar, aplicar essas três dimensões no caso específico da capoeira? Para uma melhor compreensão, veja o Quadro 8.1:

Quadro 8.1 Dimensões dos conteúdos na capoeira

Dimensão conceitual	– Conhecer as transformações históricas, políticas, sociais e culturais pelas quais a capoeira passou e relacionar com o cenário atual desta prática, nacional e internacionalmente. – Sob uma visão crítica conhecer os fatos marcantes de sua trajetória histórica, como a proibição, a liberação, a folclorização, a esportivização e o reconhecimento como patrimônio da cultura brasileira. – Conhecer os nomes dos golpes, seus significados e curiosidades, entendendo o motivo pelo qual são assim chamados, relacionando-os com a própria história da capoeira e situações contadas pelos velhos Mestres. – Da mesma forma, conhecer as músicas, o que querem dizer as letras e os ritmos ditados pelo berimbau; além dos instrumentos e importância de sua presença na roda de capoeira e seus rituais.
Dimensão procedimental	– Vivenciar os fundamentos básicos da capoeira, como a ginga, alguns golpes em pé e circulares, como a meia-lua-de-frente, a queixada e a armada. Alguns golpes em pé e incisivos como o martelo, bênção e chapa lateral, além da negativa e do rolê (movimentos de chão). – Vivenciar alguns dos diferentes toques e ritmos do berimbau identificando-os, por exemplo: Angola, São Bento Pequeno, São Bento Grande, etc. – Vivenciar ainda jogos e brincadeiras relacionados à capoeira.
Dimensão atitudinal	– Valorizar a capoeira como patrimônio imaterial da cultura brasileira. – Aprender, por meio dela, a respeitar os adversários e colegas, não incitando nem participando de atos violentos, resolvendo os problemas pelo diálogo. – Participar das atividades em grupo, principalmente das rodas de capoeira, cooperando e interagindo com todos e entendendo a importância da atitude de cada um na formação e na sustentação da roda. – Dentro das multipossibilidades que a capoeira contém, como o próprio jogo, o tocar os instrumentos, o canto, etc., conscientizar-se e valorizar, por meio de atitudes não preconceituosas, os diferentes níveis de habilidade de cada um; o sexo, a religião, dentre outros.

É necessário destacar que não devemos basear o ensino em apenas uma das três dimensões, elas acontecem de forma correlata, cabendo ao professor dar ênfase àquela que permitirá que seus objetivos pedagógicos sejam atingidos. Assim, ao vivenciar uma brincadeira na qual os alunos são divididos em escravos e capitães-do-mato, por exemplo, o professor pode abordar a história e como se deu a origem da capoeira e o desrespeito aos negros, envolvendo as dimensões conceituais e atitudinais.

FUNDAMENTOS E VIVÊNCIAS

A partir daqui, serão apresentados alguns fundamentos – ações motoras inerentes à capoeira – e vivências correlacionados que auxiliarão no desenvolvimento dos conteúdos da capoeira da escola, ou seja, alguns aspectos que consideramos ser possível ensinar deste saber popular no âmbito escolar.

Ressalta-se ao professor de educação física que, para realizar aulas de capoeira, não é obrigatório que ele utilize os instrumentos, saiba músicas, conheça os golpes perfeitamente ou até mesmo que realize a roda em sua forma original. Tudo pode ser adaptado a cada contexto, de acordo com o que o professor contém de saber, de sua criatividade, do material, do espaço e das expectativas e interesses de seus alunos.

Sugere-se a utilização de músicas de capoeira em CDs/DVDs, muitas das quais estão disponibilizadas na internet, e a visualização de filmes nos quais os conteúdos aprendidos em aula possam ser identificados, comentados e, assim, tornarem-se significativos para os alunos. É possível realizar uma roda, solicitando aos alunos que façam os movimentos aprendidos, dois a dois, sem necessariamente terem de bater palmas, cantar e/ou tocar instrumentos. O importante é que a capoeira seja vivenciada e possa contribuir para o desenvolvimento humano integral de cada um deles.

No que diz respeito aos conteúdos da capoeira, sugere-se que sejam desenvolvidos, na escola, alguns de seus fundamentos básicos. É necessário lembrar que a nomenclatura dessas ações motoras varia de grupo para grupo das diferentes regiões do país.

Fundamentos básicos

a. Ginga, negativa e rolê

A ginga é a principal ação motora da capoeira, a primeira a ser ensinada, pois é dela que vão se originar todos os outros fundamentos.

A negativa e o rolê (Fig. 8.2) são movimentos rasteiros, de chão que dão dinâmica ao jogo, auxiliando o capoeirista em sua movimentação e ligação de golpes e contragolpes. A negativa consiste em uma posição de chão na qual o capoeirista está na base da ginga e abaixa-se, apoiando a mão da perna da frente no chão, ao lado de sua coxa; esta perna mantém-se semiflexionada e com sua parte interna voltada para o teto. A outra perna se mantém com o pé semiflexionado apoiado no chão.

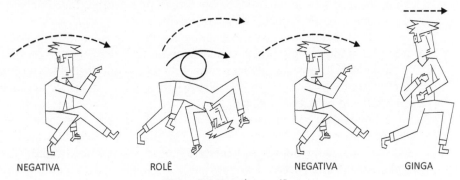

Figura 8.2 Negativa e rolê.

Em seguida, o capoeirista parte da negativa apoiando o pé da perna que está semiestendida no solo, com o auxílio da mão (perna e mão esquerdas), afastando-a para o lado direito; em seguida, coloca mão e pernas direitas ao lado da mão e perna esquerdas, com o quadril abaixado e gira em volta de si mesmo, voltando para a negativa (posição inicial). Sempre olhando para o oponente, não o perdendo de vista.

b. Golpes: martelo, bênção, chapa-lateral; meia-lua-de-frente, queixada, rabo-de-arraia

Os golpes aqui sugeridos fazem parte dos fundamentos traumáticos que são caracterizados por impactos com alto grau de velocidade. O martelo, a bênção e a chapa-lateral são incisivos, o movimento da perna no ar é reto. A meia-lua-de-frente, a queixada e o rabo-de-arraia são movimentos circulares ou giratórios, ou seja, a perna desenha um meio-círculo no ar, imaginário.

c. Esquivas (defesas): lateral e cocorinha

As esquivas consistem em deslocar o corpo para fora da trajetória de ataque do oponente, ou seja, é uma forma de se desvencilhar do golpe, de se defender.

d. Coreográficos: aú, bananeira, bananeira-de-angola

Os coreográficos são movimentos que embelezam e dão plasticidade ao jogo. Na escola sugere-se o aú (roda ou estrela); a bananeira (parada-de--dois), que pode ser acrescentada de variações, como fazê-la com as pernas afastadas, uma flexionada e outra estendida, dentre outras; e a bananeira-de--angola (parada-de-três), na qual também pode haver variações.

e. Rituais básicos da roda: início e término do jogo, a compra, o berimbau

O jogo começa com os alunos abaixados no "pé do berimbau", ou seja, o berimbau é a referência da roda, mesmo que seja imaginário. Esse local é conhecido na capoeira como "boca da roda" ou "porta de entrada da roda". Eles devem se cumprimentar e sair em aú (o mais comum), mas também podem fazer uma negativa/rolê, bananeira, dentre outros. Todos devem responder ao coro, bater palmas e tocar os instrumentos.

Para finalizar o jogo, o capoeirista faz um sinal de término com as mãos, cruzando os punhos, ou apenas dando uma das mãos ao outro, cumprimentando-o, gestos que indicam o final do jogo. Todo jogo deve terminar com um aperto de mãos entre os capoeiristas em sinal de respeito e agradecimento ao oponente pelo jogo realizado.

Após esse cumprimento eles devem sair andando de costas, sempre de frente para o centro da roda para evitar qualquer acidente, pois outro jogo está se iniciando e ao sair é necessário que se tenha uma visibilidade geral da roda. Nela, o capoeirista deve ter uma participação ativa, atento a tudo o que acontece: jogos, cantos, ao mestre, entre outros.

Existe, ainda, a "compra" do jogo. Quando um capoeirista quer jogar com um dos dois que já estão na roda jogando capoeira, ele pede permissão ao mestre ou, na falta deste, ao mais graduado que está comandando a roda para entrar e tirar um dos dois. Esse pedido é realizado com gestos, com a linguagem corporal, sem a menção de palavras.

Depois de permitido, o capoeirista entra na roda, sempre saindo do pé do berimbau, pelo lado direito, e de preferência encosta uma de suas mãos nas costas de quem ele quer que saia. Pode ainda entrar entre os dois (atento ao momento certo para não ser atingido), fazendo um movimento de esquiva e com um dos braços estendidos, de frente para aquele com quem ele quer jogar.

Vivências

Recomenda-se seguir a ordem aqui apresentada para o desenvolvimento pedagógico da capoeira, pois se apresenta do menor para o maior grau de dificuldade, facilitando o processo de ensino e aprendizagem.

Origem, história e atualidade

É importante que os alunos saibam sobre a história e origem da capoeira. Estas podem ser desenvolvidas solicitando aos alunos que façam pesquisas e tragam as informações para serem apresentadas em aula. Essa apresentação poderá ser realizada em grupos, e cada um representará um período histórico da capoeira: origem; proibição e disfarces; liberação – Mestres Bimba e Pastinha; patrimônio cultural; como se encontra nos dias de hoje; angola, regional e contemporânea.

Para aguçar a curiosidade e promover a motivação para a pesquisa, realize, com seus alunos, uma "chuva de ideias coletiva": no primeiro dia de aula, pergunte à turma o que eles acham que é a capoeira, qual o seu conceito. Solicite que escrevam no quadro, se estiver na sala de aula, ou no chão da quadra, com giz, apenas uma palavra que vem à cabeça deles sobre o assunto. Em seguida faça uma discussão com a turma a partir do que foi exposto por eles, retirando ou riscando por cima aquilo que você está explicando. Deixe alguns pontos e curiosidades para que sejam pesquisadas para a próxima aula (dimensão conceitual).

Capitão-do-mato e escravos: pegador

Esta é uma vivência que segue a dinâmica do "pegador", que será o capitão-do-mato e todos os outros serão os escravos. Fica combinado antes que o capitão-do-mato já prendeu todos os escravos na senzala, e estes fugirão para o quilombo. Porém, se ele for acordado, correrá atrás dos escravos e os trará de volta. Todos os escravos livres tentarão libertar os escravos presos (dimensão conceitual).

Discussão:
- Situação social do negro como escravo e suas consequências para a atualidade: preconceito, discriminação racial.
- O que permitiu que o negro criasse a capoeira: não obtinham armas e utilizavam o próprio corpo como forma de se defender contra a

opressão que sofriam, ou seja, pela liberdade. Assim uniram o que traziam consigo da cultura africana, e a capoeira nasce no Brasil.

Ginga

Para ensinar a ginga (Fig. 8.3), o professor pode solicitar aos alunos que formem duplas. Cada dupla vai ter um giz nas mãos e vão desenhar, no chão, cada um o triângulo do outro (ao realizar a ginga, desenha-se, no imaginário, um triângulo no chão). Cada ponto da base desse triângulo deve ser delineado pelos pés de apoio: o aluno A fica de pé, com as pernas um pouco afastadas, e o aluno B vai fazer um pequeno círculo em volta de cada um dos pés do aluno A.

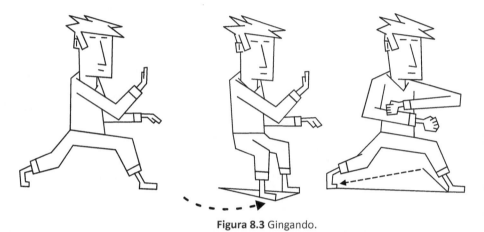

Figura 8.3 Gingando.

Em seguida, o aluno A desloca uma de suas pernas para trás e tenta permanecer em equilíbrio nessa posição. O aluno B desenha então o terceiro ponto que formará o triângulo. Após todos os alunos terem seus triângulos desenhados, o professor ensina a dinâmica da ginga somente falando, sem realizá-la, para que o aluno possa construir seu próprio movimento, a partir de sua reflexão.

O professor pode solicitar aos alunos que troquem de triângulos e tentem gingar. Nesse momento, são evidenciadas as diferenças existentes entre os alunos.

Discussão:
- Para um mesmo movimento, cada pessoa necessita de espaços diferentes e isso é inerente ao ser humano, não significando que um está certo e o outro errado (dimensão procedimental e dimensão atitudinal: respeito às diferenças).

Golpes

a. Bênção (Fig. 8.4): é assim denominada porque, segundo os velhos Mestres, os antigos capoeiristas, além de se cumprimentarem com as mãos, também desferiam esse golpe quando alguém os "pediam a bênção" (para que fossem abençoados).

Figura 8.4 Bênção.

Solicite aos alunos que imaginem que têm a sua frente uma tábua e que vão empurrá-la com o pé flexionado. A perna de trás, na posição básica da ginga, eleva-se flexionada e na altura do quadril a perna é estendida totalmente empurrando algo à frente.

O professor pode utilizar balões que os próprios alunos vão encher, amarrados em um barbante que será estendido em seu local de aula. Os alunos se deslocarão gingando e ao passar pelos balões realizarão a bênção. Sugere-se que, dentro do possível, os balões sejam coloridos para embelezar a aula e motivar os alunos.

Inicialmente os balões estarão dispostos em um nível baixo que progride até chegar à altura do quadril. O professor deve lembrar-se sempre de solicitar aos alunos que os golpes sejam realizados com as duas pernas.

b. Meia-lua-de-frente (Fig. 8.5): inicia-se com um dos pés partindo de trás, na posição de base da ginga, sugerindo aos alunos que imaginem que

Figura 8.5 Meia-lua-de-frente.

têm um lápis nos dedos dos pés e vão desenhar uma meia-lua no ar. Primeiro realizam o desenho imaginário, com a perna, no chão, depois o professor vai desafiando os alunos a aumentarem a altura, progressivamente.

O professor pode ainda utilizar cadeiras, cones ou outro referencial estático para que os alunos façam a meia-lua-de-frente passando a perna por cima.

c. Martelo (Fig. 8.6): neste golpe, a perna inicia-se flexionada, na posição da ginga, eleva-se ainda flexionada e faz um movimento reto, como se fosse um martelo que bate em uma madeira para fixar um prego, disposta na lateral do corpo. Solicite aos alunos que imaginem essa situação para facilitar o aprendizado. O pé vai se manter semiestendido e o que "bate na madeira" é a parte frontal da sola (peito do pé).

Figura 8.6 Martelo.

d. Chapa-lateral (Fig. 8.7): esse golpe é bem parecido com a bênção, porém, o pé vai bater toda a sola, como uma chapa, com o corpo virado para a lateral. O movimento é realizado como se fosse um empurrão.

Figura 8.7 Chapa lateral.

Pendure nas traves (balizas de gol) garrafas *pet* vazias, amarradas em barbantes. Os alunos deverão fazer a chapa-lateral (Fig. 8.7) empurrando as garrafas, partindo da ginga.

e. Queixada (Fig. 8.8): é um golpe semicircular. Tem esse nome devido ao pé alcançar a altura do queixo do oponente, mantendo-se flexionado. Este é um golpe mais complexo e por isso é interessante que seja dividido em fases para que o processo de ensino e aprendizagem seja facilitado.

Figura 8.8 Queixada.

Inicialmente, solicite aos alunos que fiquem na base da ginga e desloquem a perna da frente, para a lateral interna do corpo (p. ex., a esquerda). A perna esquerda passará pela frente da direita, pisando no chão depois desta. Em seguida, a perna de trás (direita) avança para frente, em linha reta. Esse é o primeiro momento do processo.

Em um segundo momento, solicite aos alunos que soltem a primeira perna (esquerda), em um movimento circular, voltando com ela para a base da ginga, atrás, conforme sequência da Figura 8.8.

Solicite aos alunos que façam duplas. Em seguida, o aluno A segurará um chinelo (ou material semelhante), pela alça e estendido, na frente do aluno B. O aluno B vai realizar a queixada tentando acertar o chinelo, que se inicia baixinho e vai subindo à medida que o aluno adquire segurança no movimento.

f. Rabo-de-arraia (Fig. 8.9): consiste em um golpe semicircular também e tem o mesmo início da queixada, sendo igualmente recomendado que seja ensinado por partes. Tem esse nome devido ao deslocamento da perna se parecer com o movimento do rabo do peixe arraia que acompanha a dinâmica do seu corpo.

Na base da ginga, com a perna direita na frente, esta será deslocada para a lateral interna do corpo e as mãos se posicionam no chão. O capoeirista olhará por debaixo de suas pernas vendo o oponente.

Em seguida, em uma segunda fase do processo, a perna esquerda vai soltar o golpe, saindo estendida e assim se mantendo até voltar à posição inicial da ginga, de pé, com a perna direita na frente. O pé se mantém flexionado em todo o giro, conforme Figura 8.9.

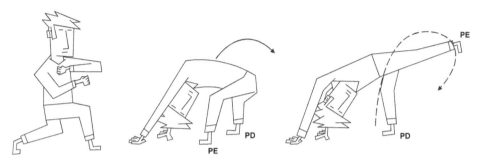

Figura 8.9 Rabo-de-arraia. A sigla PD significa "perna direita", e PE, "perna esquerda".

Cada aluno terá um cone. Solicite que eles o tenham como referência e realizem a entrada do rabo-de-arraia, olhando por debaixo de suas pernas para avistarem o cone. Esta será a posição 1. A posição 2 será o desferimento do golpe em que ele terá de passar a perna por cima do cone, e a posição 3 será a posição final, de volta à base da ginga.

O professor, inicialmente, propõe a vivência de todas as três fases do rabo-de arraia. Em seguida, vai chamar os números (na ordem e depois fora dela) e os alunos precisam ficar atentos para realizarem as posições correspondentes. Nesta brincadeira, recomenda-se não excluir quem errar, continua-se brincando sem dar atenção ao erro.

Coreográficos

a. Aú (Fig. 8.10): esta ação corporal corresponde ao movimento da "roda" ou "estrela", da ginástica artística. Solicite aos alunos que se posicionem próximos e de frente para uma parede. Com as mãos no chão e sem per-

Figura 8.10 Aú.

der esse contato, vão caminhar pela parede levando os pés de um lado para o outro do corpo, procurando olhar para ela. No aú, não se olha para o chão, deve-se olhar para o oponente. A distância da parede será diminuída de acordo com o progresso de cada um, assim como a extensão das pernas.

Para esta vivência, é importante assegurar-se do espaço de cada um para não ocorrerem acidentes.

b. Bananeira (Fig. 8.11): esta corresponde à "parada-de-dois" e pode-se solicitar aos alunos que fiquem também na parede, com as mãos no chão, de frente para ela e tentem desencostar os pés, progressivamente. Sugere-se realizar essa vivência em duplas para que um aluno dê segurança ao outro, oportunizando ainda o desenvolvimento da afetividade.

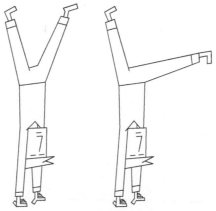

Figura 8.11 Bananeira.

c. Bananeira-de-angola (Fig. 8.12): esta ação corporal é análoga à parada-de-três, para a qual também pode ser utilizada a parede, mas de costas para ela. O segredo desse movimento está em formar um triângulo proporcional imaginário, no chão, entre a cabeça e as duas mãos, formando uma base de equilíbrio.

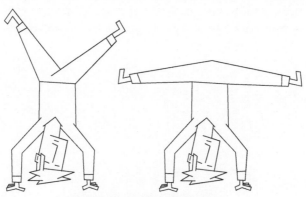

Figura 8.12 Bananeira-de-angola.

Inicialmente, proponha aos alunos que desenhem esse triângulo no chão em duplas – um faz o desenho do outro e dá segurança também –, e experimentem essa posição. Em seguida, solicite que eles, com a cabeça no chão, apoiem seus joelhos, um de cada vez, nos cotovelos, e tentem se equilibrar nesta postura. Após se familiarizarem com essa posição, solicite que elevem uma perna, inicialmente, e depois a outra. Sempre olhando para o oponente.

Esquivas

a. Esquiva lateral (Fig. 8.13): é uma posição de defesa na qual o corpo fica lateralmente posicionado em relação ao corpo do oponente, acompanhando a trajetória do golpe desferido. A partir da ginga vira-se o corpo para sua lateral interna, ficando com os pés paralelos, como se estivesse sentando em uma cadeira imaginária. A mão da frente tem a função de proteger o rosto.

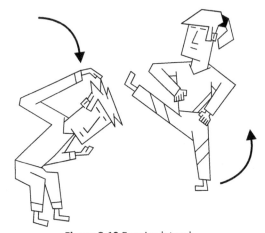

Figura 8.13 Esquiva lateral.

b. Cocorinha (Fig. 8.14): nesta posição de defesa, o corpo deve se posicionar de frente para o oponente. Da posição da ginga, a perna que está atrás vem para frente e fica paralela a outra perna. Os joelhos são flexionados também como se o aluno estivesse sentando em uma cadeira imaginária. A mão correspondente à perna que estava na frente protege o rosto.

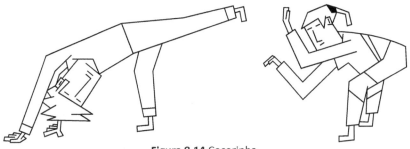

Figura 8.14 Cocorinha.

Essa vivência segue a dinâmica do vivo-morto. Todos na posição de base da ginga, ao sinal do professor, deverão se manter na ginga (vivo) ou na esquiva lateral e/ou cocorinha (morto). Essa brincadeira pode ser realizada inicialmente, com os alunos na posição de ginga, parados e, depois, gingando.

Jogo e rituais da roda

Desde que o professor ensina os primeiros movimentos, sugere-se que proponha aos alunos o jogo de capoeira para vivenciarem essa situação real e se habituarem a ela, diminuindo a vergonha da exposição que pode surgir.

Inicialmente, proponha que todos façam duplas e, espalhados pela quadra, joguem ao mesmo tempo, com os movimentos determinados pelo professor, assim, diminui-se potencialmente a possibilidade de ficarem expostos e, além disso, vão vivenciando o jogo de forma pedagógica. Antes de iniciar o jogo, proponha que o aluno A vai somente esquivar-se, e o aluno B vai realizar somente bênção e meia-lua-de-frente, por exemplo. Em seguida, trocam-se as funções e depois essas ações corporais são mudadas, progressivamente, até desenvolverem o jogo livremente. As duplas também devem ser trocadas.

É muito importante que o professor ressalte o quanto cada um é responsável pela sua segurança pessoal, a do outro e do grupo. É necessário que ao desferir uma ação corporal deve-se estar atento ao outro, olhando sempre, para não atingi-lo, seja jogando, ou realizando a aula.

De forma lúdica, proponha aos alunos que façam uma roda na qual podem ficar sentados. Determine o local onde ficará o berimbau imaginário (entrada da roda). Em seguida, os alunos, em duplas, vão jogando entre si vivenciando os rituais da roda. Problematize com os alunos os rituais básicos da roda de capoeira: início e término do jogo, a compra, o berimbau, além da ética, o respeito, a solidariedade, a cooperação, a não violência, entre outros.

Outras vivências

A partir de diferentes materiais (lápis de cor, giz de cera, canetinha hidrocor, etc.), o professor solicita aos alunos que façam duplas. A partir daí, cada dupla terá uma folha de papel cenário e fará desenhos (bonequinhos simples) um do outro, realizando os movimentos da capoeira que começaram a aprender.

Essa vivência pode ser utilizada para qualquer um dos movimentos que o professor estiver ensinando. Desta forma, surgirão diferentes desenhos sendo possível discutir as diferenças entre cada indivíduo; a diferença entres meninos e meninas que não apresentarão diferenças, e demonstrar as questões de gênero, pois, apesar de o corpo feminino expressar-se de formas variadas do masculino, as ações motoras produzidas são as mesmas.

Essa atividade também oportuniza que todos participem, aprendendo a capoeira e outros temas de diferentes maneiras – neste caso pelo desenho – contemplando as individualidades que se apresentam entre os alunos, e suas diversas maneiras de aprender. Esses cartazes podem fazer parte de uma exposição na escola.

Filmagens

Caso você tenha em suas turmas alunos que possuam celulares que contenham câmeras fotográficas e/ou filmadoras, depois de ensinados alguns dos fundamentos básicos, solicite que tirem fotos ou que filmem uns aos outros, em duplas. Em seguida, todos podem se autoavaliar e/ou se avaliar coletivamente, em um processo dialógico, observando suas performances em busca de aprimorar os fundamentos até ali vivenciados.

Utilizando a internet gratuitamente, o professor pode criar diferentes *blogs* com seus alunos, os quais podem ser um por turma, ou, ainda, um único que aborde diferentes temas da cultura corporal, por exemplo. O *blog* servirá tanto para compartilhar informações e conhecimentos, provocando um aprendizado cooperativo, quanto para a interatividade e motivação. Os *blogs* possuem espaços de interação e debate nos quais os visitantes podem deixar suas mensagens, comentários, sugestões e outros.

Para saber mais

Filmes:

- Mestre Bimba, a capoeira iluminada. 2005. Disponível em: <http://www.mestrebimbaofilme.com.br/>.
- Pastinha, uma vida pela capoeira. 1999. Disponível em: <http://www.docspt.com/index.php?topic=16360.0>.
- O Fio da Navalha. 2007. Disponível em: <http://www.youtube.com/watch?v=m1xs-QansJM&feature=mfu_in_order&list=UL>.

Links e *sites*:

- Sai piranha – capoeira para crianças – Método Brincadeira de Angola. 2010. Disponível em: <http://www.youtube.com/watch?v =Uy76fasrvMI>.
- Movimentos de capoeira infantil parte 1 – Método Brincadeira de Angola. 2010. Disponível em: <http://www.youtube.com/watch?v=L9SSMLIj9hc&feature=related>.
- Movimentos de capoeira infantil parte 2. 2010. Disponível em: <http://www.youtube.com/watch?v=L9SSMLIj9hc&feature=related>.
- Capoiera – documentário. 2012. Disponível em: <http://www2.camara.gov.br/tv/materias/BRASILIDADE/421809-CAPOEIRA.html>.
- Capoeira para crianças – brincadeiras de capoeira. Disponível em: <www.brincadeiradeangola.com.br>.
- Músicas de capoeira. Disponível em: <www.letras.com.br/capoeira>.
- Blog Músicas de capoeira. Disponível em: <http://musicasdecapoeira.wordpress.com>.

PARTE 2

Livro didático de lutas

9

Iniciando a compreensão das lutas*

A partir de agora, veremos uma série de atividades que podem ser abordadas na escola durante as aulas de educação física. Vamos nos aprofundar também nas diferentes formas de compreensão das lutas por meio de muitos jogos de luta.

EXPECTATIVAS DE APRENDIZAGEM

Espera-se que ao final dessa unidade didática os alunos aprendam o que caracteriza as lutas e quais são seus elementos comuns. Devem também conhecer quais são as lutas presentes nos jogos olímpicos e o porquê da opção na escola pela aprendizagem de jogos de lutas. Um último aspecto importante que pode ser reforçado em todas as atividades é a diferenciação entre "brigar" e "lutar".

Atividade 1: Quais modalidades os alunos conhecem?

Professor, elenque com os alunos a quantidade e o nome de modalidades conhecidas por eles e escreva-as na lousa. Quantas modalidades os alunos conhecem? Quais?

Pesquisa: Conhecendo mais modalidades de lutas

Solicite uma pesquisa sobre mais modalidades conhecidas e desconhecidas deles para a próxima aula. É possível ainda elaborar painéis e cartazes de modo coletivo, ilustrando as práticas de luta conhecidas pelos alunos.

Discussão

Os aspectos que devem permear a discussão são, em um primeiro momento, compreender as modalidades de luta conhecidas pelos alunos e mais divulgadas pelos veículos de informação e possivelmente praticadas por eles. Em um segundo momento, buscar desvendar as possibilidades ou impossibilidades de ensino dessas práticas, tendo em vista o grande número de modalidades

---

* Agradecemos aos professores de Educação Física da rede pública que contribuíram com o processo de implementação das atividades propostas neste livro. Nominalmente, destacamos a participação dos professores Beto Colangelo, Hamilton Ferraz Sant'Ana, Karen de Araújo, Renata Costa e Telma Fernandes de Araujo pela colaboração na articulação das propostas com a realidade concreta da escola.

existentes. Discutir com os alunos que a opção é conhecer o que as lutas têm de comum e não praticar todas as mais de 300 modalidades existentes.

Atividade 2: Em busca dos universais

A partir da pesquisa realizada sobre as modalidades, reúna os alunos em pequenos grupos e solicite que elenquem alguns princípios em comum entre todas as modalidades de luta.

- O que essas lutas têm em comum?
- Se necessário, auxilie-os com algumas dicas, como: as lutas costumam ser realizadas individualmente ou em grupo?
- Há contato entre os praticantes ou não?
- Observação: seria interessante que eles entregassem esses princípios básicos por escrito.

Com essa introdução aos princípios comuns das lutas, discuta com eles as características universais que compõem as lutas. Dando exemplos que facilitem a compreensão. É possível basear-se nas explicações contidas na primeira parte deste livro.

Discussão

Devido ao elevado número de modalidades, busque contextualizar com os alunos a importância de se compreender os princípios básicos e as ações universais das lutas a partir do ensino na escola. É preciso visualizar a efetividade do ensino dos universais e como eles perpassam as diferentes modalidades existentes, ilustrando as especificidades dessas práticas.

Atividade 3: Caça-palavras: lutas da escola[*]

Encontre no caça-palavras a seguir as seguintes palavras:

OPOSIÇÃO – ENFRENTAMENTO FÍSICO DIRETO – IMPREVISIBILIDADE – DETERMINADO NÍVEL DE CONTATO – AÇÕES DEFENSIVAS E OFENSIVAS – REGRAS – ALVO NA PESSOA

```
G L K A F Ç T A H Y N I U Ç H F S Ç Z B V J A Y U W L J Ç C H V X X
X C J X J D E E Z L D U Q B T T O D E Y D K P L V W B F L W R X L I
Q F X A A H J B C Z Q H M O Z L O X G Q H H U I V J N T T S C N B Y
D F F Y H U D E T E R M I N A D O N Í V E L D E C O N T A T O Y V S
I M P R E V I S I B I L I D A D E P B U P R O R D R N D K V I I Ç I
Q Z A H I W W N L J C Z X T Ç H C C D L H M H N V A J A O K B U D I
J V I I I Ç B B I J R T Y Z X G D H M K L K I K B G A Q P K B I Z Z
T Ç F H Q D O M I L A K D V V N L X Q E Ç R A X S I E Q O E K B T N
D J U R D K V M O Y C F W Y T K Y X M W A P V R K K W L S T S O Y V
D M P W N N J A Ç Õ E S D E F E N S I V A S E O F E N S I V A S P S
C T L O Y H U R K Y B S E F W T W T O V J N Q P G G G R Ç D R D O T
E H M Ç K L L Y V I P Z I F G U C O M L D K Ç E G N Q E Ã D G I X A
V R A N U E L U S N I K G F P T W L Y U U B Ç G I U I X O S E Q F U
O T E R I D O C I S Í F O T N E M A T N E R F N E U I E D U R P M W
H O W E H S E B H B O Y V E I P C U H O C H Ç P C G A M H I E B Ç M
V R A N U E L U S N I K Ç F P T W L Y L Y V I P Z I F G U C O M L D
```

[*] Em www.grupoa.com.br, acesse a página do livro por meio do campo de busca e clique em Conteúdo Online para acessar e imprimir esta atividade.

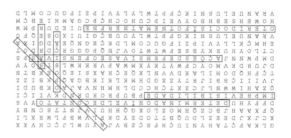

Respostas:

Discussão

Professor, aproveite esta atividade para discutir com os alunos a respeito dos conceitos universais que se relacionam com as lutas da escola.

- Há outros conceitos que poderiam ser inseridos?
- E as outras práticas corporais, como outros esportes, danças, ginásticas, entre outras, também apresentam seus universais?
- Quais seriam as diferenças entre os universais das lutas e do futebol, basquetebol e handebol, por exemplo? Os capítulos anteriores trazem algumas possibilidades de comparação.

Atividade 4: Relacione as figuras a seguir com as seguintes características que compõem as lutas da escola*

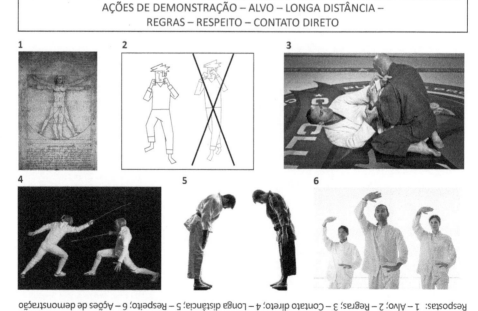

AÇÕES DE DEMONSTRAÇÃO – ALVO – LONGA DISTÂNCIA – REGRAS – RESPEITO – CONTATO DIRETO

Respostas: 1 – Alvo; 2 – Regras; 3 – Contato direto; 4 – Longa distância; 5 – Respeito; 6 – Ações de demonstração

---

* Em www.grupoa.com.br, acesse a página do livro por meio do campo de busca e clique em Conteúdo Online para acessar e imprimir esta atividade.

O ensino das lutas na escola **95**

Questões para debate:

1) É possível encontrar outros aspectos em comum entre as modalidades de luta? Quais?
2) Existe alguma modalidade de luta que fuja desses princípios universais? E o arco e flecha? E o *kabaddi* (modalidade de luta coletiva)?
3) Por que algumas modalidades fogem das compreensões dos princípios universais?
4) As práticas de luta são muito amplas. Por quê?

Atividade 5: Pega-pega enfrentamento

Materiais

Bexigas ou objetos que possam ser utilizados como alvos, tais como faixas, fitas, etc.

Desenvolvimento

Essa atividade assemelha-se com um pega-pega convencional, reunindo alguns princípios universais que compõem as lutas da escola. Individualmente, cada aluno deverá receber uma bexiga, enchê-la e prendê-la na lateral de sua calça ou bermuda. O objetivo é estourar o máximo de bexigas das outras pessoas. Ao terem a bexiga estourada, o aluno poderá continuar na brincadeira, estourando as bexigas de quem ainda mantém a sua.

Variações

- Há algumas variações, como começar com apenas um pegador e este ir modificando ou, então, todos serem ao mesmo tempo pegadores e passíveis de serem pegos.
- Visando a introduzir ainda mais o conceito das lutas da escola, é possível ainda que os alunos estabeleçam determinados níveis de oposição como poder agarrar e/ou empurrar os outros participantes, por exemplo, caso o professor considere possível essa variação.
- Os materiais podem variar caso não seja possível obter bexigas.
- O importante é enfatizar que a bexiga é uma simulação de alguma parte do corpo do aluno, portanto, o alvo do jogo, mesmo que indiretamente, é o corpo dos participantes ou a bexiga (ou outro objeto) que está localizado próximo ao corpo deles.

Discussão

O professor pode reunir os alunos em roda e perguntar o que acharam da atividade. A discussão deve ser conduzida para a busca por compreensões dos princípios universais das lutas. A seguir, temos alguns exemplos de questionamentos:

- Quais princípios o "pega-pega enfrentamento" proporcionou aos alunos?
- Houve regras?

- Houve determinado nível de contato?
- Quem ou o que era o alvo?
- Era móvel?
- É importante enfatizar a questão do respeito às regras estabelecidas, bem como às individualidades dos outros participantes. É possível também realizar uma analogia que diferentes tipos de luta abordam variadas concepções de corpo, cada qual com suas potencialidades e limitações e o que isso tem a ver com aquela classe na qual cada aluno apresenta suas características individuais, potencialidades e limitações. Por exemplo: como são compreendidos os corpos em modalidades como sumô e boxe? Quais as principais diferenças?

Figura 9.1 Pega-pega enfrentamento.

Atividade 6: Pesquisa e discussão sobre as modalidades nos Jogos Olímpicos

Quais modalidades de luta são consideradas olímpicas? Solicite uma pesquisa para os alunos encontrarem quais as modalidades de luta estão inseridas nos Jogos Olímpicos. Solicite que tragam um pequeno resumo de cada uma dessas modalidades e uma imagem que caracterize cada uma. Os alunos podem apresentar sobre uma ou mais modalidades para a sala, além de informarem, mesmo que de forma breve, alguns aspectos históricos dessa(s) modalidade(s).

Questões para debate

1) Por que atualmente existem apenas cinco modalidades de luta nas Olimpíadas?
2) Quais as semelhanças e diferenças básicas entre: boxe amador, esgrima, judô, *taekwondo* e *wrestling*, ou luta olímpica (dividida em dois estilos: livre e greco-romana)?

Pesquisa

Solicite que os alunos busquem informações que possibilitem uma discussão sobre as características exigidas para que essas modalidades de luta tenham se tornado olímpicas.

Discussão

- O que faz uma modalidade se tornar olímpica?
- Há outras modalidades de luta que atendem às exigências? Quais?
- Por que apenas algumas modalidades de luta são olímpicas?

Atividade 7: A roda das lutas

Materiais

Garrafas *pet*, cones ou outros materiais que possam ser apoiados ao chão e serem derrubados pelos alunos.

Desenvolvimento

- Primeiramente, divida os alunos em grupos entre cinco e oito alunos. Os alunos deverão dar as mãos e ficar em roda. Grupos muito grandes perdem um pouco do efeito da brincadeira. Da mesma maneira, grupos muito pequenos podem não permitir a derrubada dos materiais. Os diferentes grupos de alunos deverão ficar espalhados pelo espaço de modo que um grupo não interfira nas ações dos outros.
- Deposite alguns materiais dentro da roda e próximo de onde os alunos de cada grupo estão. Esses materiais podem ser cones, garrafas *pet* ou outros, desde que possam ser derrubados sem acarretar problemas.
- É preciso haver pelo menos um material para cada aluno, no mínimo. No entanto, não há número máximo de materiais: quanto mais materiais, mais difícil torna-se a atividade.
- O objetivo é que os alunos, sem desatrelarem as mãos uns dos outros, induzam seus companheiros a derrubar os materiais no interior da roda. Ou seja, eles deverão realizar ações de empurrar e puxar seus colegas pelas mãos (que estarão atadas) com o objetivo de derrubar os materiais depositados no chão (induzindo-os a se encostarem nos materiais).
- Da mesma forma, os alunos devem ter atenção para não encostarem nos materiais, o que será o objetivo de seus colegas. Assim, ao mesmo tempo em que se pretende induzir os colegas a encostarem nos materiais dispostos na roda, é preciso atentar-se para não ser induzido pelos colegas e derrubar alguns materiais.
- Depois que os materiais forem derrubados, é possível repetir a brincadeira, trocando as pessoas de grupo para vivenciar a atividade com outros colegas.

Discussão

- Quais foram as maiores dificuldades da brincadeira? Por quê?
- Como realizar práticas dos jogos de luta em grupo?
- O que é preciso fazer para que os grupos possam vivenciar as atividades de modo seguro e que proporcione aprendizagens significativas?
- Questões como respeito e colaboração aos colegas devem pautar a discussão.
- Quais possíveis estratégias utilizadas pelos alunos podem ser empregadas para induzirem seus colegas a derrubarem os materiais e, ao mesmo tempo, se desviarem dos materiais para não serem responsáveis pela queda de nenhum objeto?

Atividade 8: Construção de painéis: diferenciando luta e briga

Materiais

Cartolinas, canetas de diferentes cores, giz, cola, revistas para recortar, jornais, imagens oriundas de diferentes fontes, como internet, entre outros.

Desenvolvimento

- Os alunos deverão ser divididos em pequenos grupos de trabalho.
- Cada grupo deverá construir dois painéis com cartolina: um representando o que se entende por luta, outro representando o que eles entendem como representando as brigas.
- Para isso, é possível escrever palavras e frases nos cartazes, recortar imagens, desenhar, entre outros.
- Após a construção dos cartazes, cada grupo deverá apresentar ambos os painéis, buscando ilustrar as diferenças entre lutas e brigas.
- Ao final, os cartazes representando as lutas devem ser colados de um lado da parede, ao passo que o cartaz representando as brigas deve estar do outro lado diferenciando ainda mais tais conceitos.

Discussão

- Quais são os possíveis valores e atitudes presentes nas lutas? Por que tais valores são importantes?
- O que diferencia briga e luta? Por quê?
- Para que possamos praticar as lutas da escola o que é fundamental?
- Compreender o respeito como elemento fundamental no desenvolvimento das atividades é primordial, bem como a clareza na diferenciação entre lutas e brigas.

Atividade 9: Lutando com as bolas de sabão

Materiais

Água, sabão (ou detergente) e materiais que produzam bolhas ao serem assoprados.

O ensino das lutas na escola **99**

Desenvolvimento

- Em duplas, um de frente para o outro.
- Uma pessoa da dupla deverá fazer bolas de sabão, ao passo que o outro deverá procurar encostar nas bolas com alguns golpes de luta conhecidos, tais como socos e chutes, realizados ainda de modo livre.
- Após um tempo, as duplas trocam as funções, e quem estava realizando os golpes passa a fazer as bolas de sabão, e vice-versa.

Variações

- Apresentar uma competição entre as duplas: quem consegue golpear mais bolas de sabão? E quem consegue manter as bolas no ar com golpes de luta sem estourá-las?
- O objetivo da atividade será procurar se desvencilhar das bolas de sabão que o outro vai fazer. Para isso, é importante que, enquanto um faz as bolas de sabão, o outro tente esquivar, fugir das bolas não podendo mover os pés do chão. Depois de realizada a atividade por uma pessoa, trocam-se as funções, e quem estava esquivando passa a fazer as bolas de sabão e vice-versa.

Discussão

- Quais são as maiores dificuldades dessa atividade? Por quê?
- O que os alunos preferiram, golpear as bolas de sabão (ataque) ou fugir das bolas de sabão do outro com movimento de esquiva (defesa)? Por quê?
- Essa atividade, além de lúdica e atrativa, permite que possamos refletir sobre as principais características das lutas, tanto com relação aos movimentos de ataque quanto os de defesa. Discuta isso com os alunos.

Atividade 10: Leitura: Anderson Silva no Xingu

Leia o fragmento de reportagem a seguir, retirado do *site* Esporte Espetacular (GLOBOESPORTE.COM, 2012).

Observação: se possível, acesse o *site* e assista ao vídeo sobre essa experiência diferente junto com os alunos.

Anderson Silva visita tribo no Xingu, luta com índios e aprende técnicas

Anderson é neutralizado e quase nocauteado pelos índios. Só depois de apanhar muito que ele começou a pegar a técnica dos índios e reagir na luta.
Por GLOBOESPORTE.COM São Paulo

A festa na tribo Kamaiurá é para receber um guerreiro. Anderson Silva desceu do octógono e foi ao alto do Xingu, no Mato Grosso, para trocar experiência com os índios especialistas em huka-huka. *Uma espécie de luta livre praticada pelas tribos da região.*

---

continua

continuação

> *"A cabeça tem que está sempre como um paraquedas, sempre aberto a novas experiências" – disse o lutador. Com a cabeça aberta, o "filósofo" Anderson Silva ouviu as histórias dos índios. A tradição de luta indígena é milenar e foi se adaptando ao longo do tempo. Tudo bem diferente do* glamour *do UFC. Campeonato internacional de MMA em que Anderson Silva vem fazendo a sua história.*
> *Na tribo dos Kamaiurás, simplicidade e entrega! Sofrida. E que começa cedo. Aos treze anos.*
> *"A gente fica dois anos e meio na reclusão, preparando pra ser lutador. Só raspando a pele e passando raiz" – explicou um dos índios.*
> *Anderson não precisou de nada disso. Mas aqui tem uma tradição que nenhum guerreiro do* huka-huka *pode fugir. "Tem que virar bicho". A pintura usada é da onça, apesar de não ter ficado muito parecida. O jeito era convencer lutando. O que se viu foi inacreditável, Anderson neutralizado, nocauteado... E só depois de apanhar muito, ele começou a pegar a técnica. E aí, Anderson Silva, campeão do cinturão dos pesos médios do UFC, voltou a ser Anderson Silva.*
> *"É diferente o jeito como eles lutam, o tipo de técnica que eles usam. São muito fortes, e eu gostei muito da experiência, muito legal" – afirmou o Anderson.*
> *No final, uma grande festa pra celebrar. A visita de um ídolo mundial... E por que não, a união do MMA com o* huka-huka.

Assista ao vídeo: Anderson Silva visita tribo no Xingu, luta com índios e aprende técnicas. 2012. Disponível em: <http://globoesporte.globo.com/programas/esporte-espetacular/noticia/2012/02/anderson-silva-visita-tribo-no-xingu-luta-com-indios-e-aprende-tecnicas.html>.

Atividade 11: Brincando de *huka-huka*

Materiais

Nenhum.

Desenvolvimento

- Em duplas, um de frente para o outro.
- Os alunos deverão ter como alvo encostar com a ponta dos dedos levemente no joelho do companheiro.
- É necessário delimitar um espaço para cada dupla, pois é possível que eles afastem-se muito um do outro. O espaço pode ser de aproximadamente 2 m², ou então arredondado, como o círculo da quadra, por exemplo.
- Inicialmente, para efeito didático, é possível delimitar as funções, ou seja, um aluno somente ataca, enquanto o outro apenas defende, evitando que o outro encoste nos joelhos (mantendo os joelhos o mais distante possível da outra pessoa). Posteriormente, as funções são invertidas e quem estava defendendo passa a atacar e vice-versa.
- Posteriormente, após a vivência descrita, os alunos deverão atacar e defender ao mesmo tempo, ou seja, com o objetivo de encostar no joelho do companheiro ao mesmo tempo em que não deve deixar que ele encoste em seus joelhos.

- Para isso, é permitido apenas utilizar as mãos para encostar no outro ou impedir que ele encoste no joelho. Socos, chutes ou quaisquer outros tipos de golpes, contundentes ou não, não serão admitidos.
- Cada vez que alguém conseguir encostar no joelho do outro, computa-se um ponto.
- Ao final, somam-se os pontos conquistados.
- É possível, após decorrido um tempo de atividade, que as duplas sejam trocadas.

Questões para debate:

1) O que você acha da ideia de juntar diferentes modalidades de luta para celebrações e festas como essa que juntou o lutador Anderson Silva com os índios brasileiros?

2) Você já ouviu falar no *huka-huka*? Quais as regras dessa modalidade? O que vale e o que não vale?

3) Você acha que o *huka-huka* é uma luta corporal ou não? Por quê?

3) É importante conhecer outras culturas e outras formas de se viver, mesmo que isso às vezes seja bem diferente da nossa realidade. Como respeitar essas culturas e observar a riqueza que elas apresentam?

4) O nocaute é o ato de deixar o outro lutador inconsciente, geralmente com socos e chutes. Na vivência do Anderson Silva com os índios, não houve nenhum chute ou soco, foram só ações de agarramento. Da mesma forma ele não "apanhou", uma vez que estava treinando uma prática diferente. Você concorda com essas expressões utilizadas pela reportagem?

5) Os meios de comunicação às vezes transmitem informações de forma não verdadeira ou um pouco cheia de fantasia. Por quê?

6) E para você? As lutas são práticas diferentes do seu cotidiano ou não? Que postura é preciso ter diante de alguma prática desconhecida? Precisamos respeitá-las ou não? Por quê?

10
Ações esperadas individuais e coletivas nas lutas

A partir da compreensão das lutas da escola e dos jogos de luta, origina-se todo o processo de classificação e diferenciação das práticas de luta. A primeira grande diferenciação entre as práticas de luta está no nível de previsibilidade das ações motoras, umas sendo mais esperadas, ou previsíveis, outras mais inesperadas, ou imprevisíveis.

Acreditamos que o nível de previsibilidade das ações das lutas dita diferenças bastante acentuadas nas ações motoras e, inclusive, na lógica interna dessas práticas corporais. Se observarmos uma pessoa praticando algum tipo de movimento individualmente, um *kata* do caratê, por exemplo, podemos distinguir diferenças claras em comparação a uma luta de contato do mesmo caratê. Não somente pelo fato evidente de em uma situação a pessoa está sozinha e na outra ela relaciona-se com alguém, mas pela própria lógica interna dessas duas situações que são distintas entre si.

A separação entre ações esperadas, ou previsíveis, e inesperadas, ou imprevisíveis, deve ser concebida dentro de um *continuum* que varia de acordo com cada situação, contexto e ação motora empregada. A Figura 10.1 a seguir ilustra essa questão.

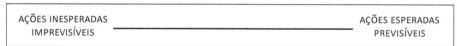

Figura 10.1 *Continuum* do nível de previsibilidade/imprevisibilidade das lutas corporais.

As ações inesperadas/imprevisíveis são aquelas que, de alguma maneira, empregam o enfrentamento em caráter de oposição entre os participantes, ou seja, por meio de diferentes ações motoras, como agarre, toque, exclusão de espaços, entre outras, há o enfrentamento direto dos participantes, seja com ou sem a mediação de implementos.

Já as ações esperadas/previsíveis são aquelas que utilizam elementos coreografados, cênicos ou em caráter de demonstração, também denominadas de formas. Nelas, sejam individuais ou coletivas, é preciso ter um domínio de ações preestabelecidas ou que se desenvolvem ao longo de um processo de colaboração entre os participantes. Gomes (2008) define essas ações como uma forma de combinação de elementos e técnicas, arranjados em uma sequência preestabelecida, que podem ser executadas tanto na presença de adversários reais quanto imaginários. A Figura 10.2 ilustra a divisão entre as diferentes ações de acordo com a previsibilidade partindo da compreensão das lutas da escola. Trataremos cada uma delas a seguir.

Figura 10.2 Separação entre ações esperadas e inesperadas nas lutas da escola.

APROFUNDANDO AS COMPREENSÕES: AÇÕES ESPERADAS/PREVISÍVEIS DAS LUTAS

Como vimos, as ações esperadas, ou previsíveis, são aquelas que apresentam um caráter de demonstração ou de realização de formas sejam elas como para o treinamento, como uma apresentação cênica, etc. Algumas das formas mais conhecidas de ações esperadas/previsíveis são os *katas* e *katis* do caratê e *kung fu*, respectivamente.

À primeira vista, sobretudo considerando a opinião de pessoas que nunca lutaram ou não conhecem determinadas características dessas práticas corporais, é possível indagar-se se essas práticas são ou não oriundas das lutas da escola, uma vez que fogem de algumas formas de compreender os universais das lutas por não apresentarem oposição direta, por exemplo, e podem, inclusive, ser praticadas individualmente.

Entretanto, os praticantes dessas ações, assim como pessoas que conhecem um pouco mais a fundo essas práticas, as consideram como lutas, pois, de uma forma ou de outra, há a simulação de combates, sejam eles imaginários – virtuais – ou então simulam determinadas ações específicas que integram ações motoras de oposição direta das práticas de luta.

As ações esperadas/previsíveis podem ser compreendidas, portanto, desde formas de treinamento quando não existe a possibilidade de praticar as ações com outras pessoas até como forma de melhorar determinadas ações técnicas e táticas, visando a uma melhor realização dessas ações de acordo com padrões existentes em cada modalidade. Ademais, existem campeonatos inclusive em caráter internacional que premiam os praticantes dessas formas de acordo com uma série de requisitos, como adequação e perfeição das ações motoras respeitando os critérios necessários, veracidade das ações, sincronia, ritmo, etc.

A divisão, que se pode realizar a partir da compreensão das ações da lógica interna dessas práticas, está no processo de relacionamento ou não com demais indivíduos, ou seja, elas podem ser classificadas como ações individuais ou em grupo/coletivas. A complexidade das ações em grupo diferencia-se da complexidade das ações individuais, uma vez que há a interação entre dois ou mais indivíduos que precisam estar sincronizados e focados na realização dessas formas. Assim, dividiremos as propostas de atividades em duas formas: práticas individuais e práticas em grupo/coletivas. A Figura 10.3 ilustra essa divisão.

Figura 10.3 Separação entre ações esperadas nas lutas da escola.

EXPECTATIVA DE APRENDIZAGEM

Os alunos devem conhecer e vivenciar até o final da unidade o que são práticas previsíveis individuais e coletivas nas lutas e relacionar essas características às práticas de lutas que observam nas diferentes mídias. Os alunos deverão também desenvolver um olhar mais crítico sobre como a mídia trata as lutas, por exemplo, a forma exagerada quando um único indivíduo vence a todos.

AÇÕES ESPERADAS/PREVISÍVEIS: PRÁTICAS INDIVIDUALIZADAS

As práticas individualizadas correspondem à realização de formas como *katas* e *katis* individualmente, de acordo com ações que variam em cada contexto e situação, além de atenderem às dinâmicas e regras das modalidades das quais fazem parte.

Acreditamos que todas as práticas de luta realizadas de forma individualizada, independentemente da modalidade, podem ser consideradas como dentro da categoria das práticas individualizadas das ações esperadas/previsíveis. Dessa maneira, proporcionam, de uma forma ou de outra, simulações, projeções e práticas que não correspondem com a interação efe-

O ensino das lutas na escola **105**

tiva e direta das lutas da escola como, por exemplo, a oposição ou o próprio enfrentamento direto.

Não trataremos especificamente de nenhuma prática de formas, ou seja, não serão abordados movimentos de determinadas modalidades com as regras e ações correspondentes a essas modalidades, como *katas* ou *katis*, pois vamos propor atividades mais gerais que possam introduzir os conceitos das formas/demonstração para as lutas da escola. Abordaremos algumas propostas de atividades dentro dessa categoria a seguir.

Atividade 1: As lutas da escola: das mídias para a sala de aula

Materiais

É possível utilizar materiais alternativos como jornais, faixas, entre outros, além dos próprios materiais dos alunos, como lápis, caneta, caderno, etc., desde que o professor considere possível e segura a utilização desses materiais para a confecção de "armaduras" e implementos que os alunos quiserem utilizar nas suas performances artísticas.

Desenvolvimento

- Solicite aos alunos para pesquisarem movimentos de luta de algum desenho, filme ou seriado a que gostam de assistir. Caso o aluno não tenha contato com nenhuma mídia que utilize elementos de luta, é possível que ele pesquise nas mídias de forma geral esses movimentos e escreva os principais golpes pesquisados.
- A partir dessa pesquisa com os alunos, cada um vai criar, individualmente, uma série de golpes da maneira como bem entenderem, a partir das técnicas observadas nos desenhos e filmes pesquisados. Não é necessária uma série muito grande, pode conter entre 5 e 10 movimentos em sequência. Por exemplo: um aluno pode, a partir da observação de algum desenho, elaborar uma breve coreografia, enquanto outro aluno pode criar sua coreografia a partir de algum filme assistido sobre essa temática. É importante que os alunos possam sentir-se livres para criarem seus próprios movimentos.
- Às vezes, esse processo criativo pode demorar um certo tempo, além de alguns alunos terem mais vergonha do que outros para apresentarem sua performance artística. Dessa forma, o professor deve destacar a importância da pesquisa prévia que subsidiará os alunos de elementos que os permitam criar seus movimentos de maneira mais consistente.
- É importante também que o professor compreenda as individualidades dos alunos, para não expô-los a situações constrangedoras. Caso o professor ache necessário, é possível realizar as apresentações de maneira simultânea, ou seja, todos realizando seus movimentos na quadra, por exemplo, em vez de um aluno apresentar para o resto da

turma. Caso seja viável, há a possibilidade também de os alunos apresentarem seus movimentos para os outros colegas.

Discussão

- Primeiramente, é necessário averiguar a pesquisa realizada pelos alunos como parte integrante da atividade, já que, por meio dela, a atividade poderá ser realizada na aula de maneira mais consistente. Em quais mídias os alunos pesquisaram?
- Qual a opinião dos alunos sobre os movimentos de forma e demonstração nas lutas como os *katas* e *katis*?
- Quais são os movimentos e as temáticas mais pesquisados e conhecidos pelos alunos? Por quê?
- Além disso, o professor deverá atentar para as questões de vergonha e exposição dos alunos que, por ventura, poderão acontecer. Como os alunos se sentiram ao apresentar sua "minicena" para a turma? Por que se sentiram dessa maneira?
- Ao final da atividade, o professor poderá sentar-se em roda com os alunos e discutir sobre as dificuldades de se criar esses movimentos. Por que às vezes temos tanta dificuldade em criar os movimentos?
- Quem teve mais dificuldade: os alunos que conheciam as lutas ou aqueles que não as conheciam muito?
- É importante dialogar também sobre a influência que as práticas de luta apresentam aos alunos por meio das mídias. Os alunos assistem a desenhos, filmes, seriados, entre outros, que abordam a temática das lutas?
- Qual a opinião dos alunos a respeito desses veículos midiáticos que tematizam as lutas?

Atividade 2: Aprofundando o conhecimento sobre as mídias

A influência da mídia na vida das pessoas costuma ser muito grande. Dessa forma, vale a pena uma discussão mais aprofundada sobre a relação das mídias com as lutas. Sendo assim, se houver condições na escola (como sala com vídeo e acesso à internet), acesse o *link* do vídeo a seguir e passe o material aos alunos durante alguns minutos de uma das aulas (é possível também fazer o *download* do material):

Trabalho e consumo, mídias e lutas. 2011.
Disponível em: <http://www.youtube.com/watch?v= UGIyCXo3uGY>.

Esse vídeo aborda a relação das lutas com algumas mídias, mais especificamente, como alguns filmes de Hollywood compreendem as lutas, ora como práticas impossíveis de serem realizadas por pessoas comuns, ora como forma de ilustrar pessoas que conseguem "vencer na vida" por meio da luta.

Discussão

A partir desse vídeo, é possível discutir as formas como as lutas são tratadas pelos filmes e pelas mídias em geral.

- Será que as mídias compreendem as lutas de maneira ampliada?
- Será que as mídias abordam apenas alguns aspectos das lutas?
- E como isso mexe com o imaginário das pessoas?

Atividade 3: Os animais também lutam!

Materiais

Nenhum.

Desenvolvimento

- Inicie a atividade comentando com os alunos que algumas práticas de luta, como o *kung fu*, por exemplo, tiveram sua origem a partir da observação de alguns animais. Vários estilos de luta surgiram a partir dessa observação, alguns enfatizando alguns aspectos de determinados animais, ao passo que outros enfatizando características de outros animais.
- A partir dessa introdução, realize a seguinte proposta: solicite que os alunos fiquem lado a lado na quadra e, ao comando do professor, imitem diferentes animais da maneira como bem entenderem. Por exemplo: eles podem imitar um macaco, um tigre, uma galinha, entre outros.
- Após alguns minutos de vivência desses animais, modifique a proposta: agora, em vez de simplesmente imitarem a forma de andar e o comportamento desses animais, os alunos terão de incorporar esses animais no momento de enfrentamento com outros animais, seja por comida, território, etc.
- Os alunos deverão projetar um confronto imaginário de luta como acreditam que seus animais lutariam com outros. Não deve haver o confronto entre dois ou mais alunos no momento. Eles devem realizar essa atividade imaginando seus próprios confrontos a partir das solicitações do professor.
- Finalmente, solicite que os alunos incorporem movimentos de dois ou mais animais em uma breve série de quatro ou cinco movimentos, por exemplo: a defesa de um urso, um giro de um coelho, uma esquiva de um esquilo, um ataque de uma cobra, etc.
- Após a série estar completa, solicite que os alunos a apresentem, seja para a sala inteira, seja com todos juntos (para evitar uma exposição exacerbada dos alunos, caso seja necessário).

Variação

Visando a proporcionar uma atividade de forma ainda mais lúdica, é possível realizar uma mímica com os alunos a partir da imitação de animais.

Para isso, em um grande grupo ou em pequenos grupos, os alunos podem imitar alguns animais, enquanto os outros alunos deverão tentar adivinhar qual é esse animal. O professor deve enfatizar a realização de movimentos de luta desses animais visando a direcionar o foco de atenção dos alunos.

Discussão

- Reforce na discussão a importância que a observação dos animais teve para inúmeras práticas de luta. Por que as pessoas se inspiraram nos animais para criarem algumas modalidades de luta?
- É possível solicitar pesquisas sobre as modalidades que se inspiraram nos movimentos dos animais, como o caso do *kung fu*, por exemplo.
- Questione os motivos da importância de se observar os animais e como isso foi primordial para o desenvolvimento das lutas ao longo da história.

Atividade 4: Sombra individual

Materiais

Nenhum.

Desenvolvimento

- Espalhados pela quadra ou outro espaço apropriado, os alunos devem simular a realização de socos e chutes em um adversário imaginário.
- É possível aprofundar-se nas técnicas de algumas modalidades, conforme os desenhos a seguir.

JAB

Golpe de preparação. Usar o corpo todo. Socar com o braço da frente (a referência é a perna da frente). Manter a outra mão protegendo o rosto.

DIRETO

Golpe realizado com a mão de trás (a referência são as pernas). Golpe forte. É necessária a participação do corpo todo, incluindo a ponta do pé de trás.

UPPER

Golpe realizado de baixo para cima com o corpo todo. Pode ser realizado com a mão da frente ou a de trás.

CRUZADO

Golpe forte originado na lateral. Pode ser realizado com ambas as mãos. Observação: o cotovelo deve estar alinhado com o punho, e o tronco participa do movimento.

CHUTE DE FRENTE

Chute frontal com extensão do joelho. Pode ser realizado com ambas as pernas. É necessário utilizar o quadril no movimento. Manter a guarda alta (punhos flexionados na altura do rosto).

CHUTE LATERAL BAIXO

Chute lateral baixo. Origina-se da perna que está atrás. É necessário utilizar o quadril para projetar o movimento.

CHUTE LATERAL ALTO

Chute lateral alto. Origina-se da perna que está atrás. É necessário utilizar o quadril para projetar o movimento.

JOELHADA

Joelhada com a perna de trás. Elevar o joelho da perna de trás movimentando o quadril e abaixando os braços.

DESLOCAMENTOS

Primeiro, amplia-se a base para depois mover a outra perna. Ou seja, se o deslocamento for realizado para a direita, a primeira perna que se movimenta será a perna direita e vice-versa. Se o deslocamento for para frente, a primeira perna a se mover será a perna da frente. Se o deslocamento for para trás, a primeira perna a mover-se será a perna de trás. Não diminua a base e não cruze as pernas.

Observação: Esses são alguns movimentos possíveis de serem realizados, mas existem muitos outros que os professores e os próprios alunos podem acrescentar ao repertório de movimentos utilizados na atividade.

- É possível que o nível de complexidade seja aumentado aos poucos. Assim, inicie com a movimentação parada de apenas o *jab*, depois do *jab* e do direto. Depois, vá acrescentando aos poucos os deslocamentos.
- Posteriormente, é possível introduzir os movimentos das pernas como chute e joelhada.

Movimentos corretos   Movimentos incorretos

- Por fim, introduza os movimentos de defesa e esquiva. Ou seja, inicialmente os alunos vão apenas atacar o adversário virtual. Com o passar do tempo, eles compreenderão que além de atacar precisam defender-se desse adversário imaginário por meio das técnicas apropriadas.
- O professor pode ditar as alterações ou os momentos de ataque do adversário para que os alunos possam realizar os movimentos de defesa.

Observação: Não é necessária uma exacerbada preocupação com a técnica correta na realização dos golpes e movimentos técnicos dessa atividade, uma vez que não se objetiva um aprofundamento nas modalidades de boxe ou *muay thai* (boxe tailandês), por exemplo. Contudo, acreditamos que, se possível, é interessante que os alunos possam aprender determinadas técnicas mais específicas, pois isso os enriquecerá em termos das práticas corporais conhecidas, além de promover a aprendizagem de importantes conteúdos procedimentais.

Discussão

- É difícil lutar contra um adversário imaginário? Por quê?
- Quais das técnicas os alunos mais gostaram de aprender? Por quê?
- O aumento gradual do nível de complexidade das ações (inicialmente somente atacando o adversário imaginário parado, depois o atacando em movimento e, finalmente, atacando-o e se defendendo desse mesmo adversário) facilitou o aprendizado?
- Quais as principais diferenças entre lutar com um adversário imaginário em uma "sombra" de boxe ou *muay thai*, por exemplo, e um adversário "real" nessas mesmas modalidades?

Atividade 5: A estátua das lutas

Materiais

Nenhum.

Desenvolvimento

- Atividade semelhante a "estátua" convencional.
- Os alunos devem caminhar pelo espaço até o professor falar a palavra "estátua!".
- Após essa palavra, os alunos devem parar e se manter imóveis em uma posição que remeta algum golpe ou alguma posição de luta que eles conheçam, podendo se basear nas imagens desse material, no que conhecem como praticantes ou em informações advindas da mídia sobre as lutas.
- Após instantes de observação do professor na posição de cada aluno, os alunos devem continuar sua movimentação pelo espaço e, ao sinal novamente da palavra "estátua!", devem elaborar outra posição de luta.
- Essa atividade pode ser realizada antes de uma aula ou ao final da aula e costuma ser rápida, além de bastante lúdica.

Variação

- Ao sinal do professor, os alunos deverão parar em estátua mas interagindo uns com os outros de modo estático.

Discussão

- O professor pode conduzir os alunos em questões ligadas à importância de se manter o equilíbrio e a estabilidade nas práticas de luta, assim como perguntar de onde os alunos basearam seus movimentos na hora de realizar as estátuas.
- Cabe ao professor considerar importante que a movimentação dos alunos assemelhe-se a algumas formas de movimentação de lutas ou se será livre, ou então andando, correndo, etc.
- Como os alunos se sentiram ao elaborar suas encenações sobre movimentos de lutas? E como eles se sentiram ao ficarem parados sem poderem se mexer?

Atividade 6: Lutando com bexigas

Materiais

Bexigas de diferentes cores.

Desenvolvimento

- Individualmente, cada aluno deverá receber uma bexiga e enchê-la.
- Ao comando do professor, os alunos deverão se deslocar pelo espaço, buscando manter as bexigas no ar, mas sem poder segurar (cada um com a sua bexiga). Para manter o objetivo no ar, deverão realizar movimentos relacionados às lutas, simulando nas bexigas socos, chutes, joelhadas, cotoveladas, entre outros movimentos existentes nas lutas e que os alunos conhecem ou já viram.
- Após um tempo de prática, é possível implementar uma variação: é preciso manter a bexiga sem cair, mas tentando tirar a bexiga dos demais alunos por meio dos movimentos vivenciados anteriormente. Não é permitido nessa atividade o contato entre os alunos, apenas nas bexigas que devem permanecer suspensas ao longo da atividade.
- Os movimentos não precisam ter força e potência a ponto de estourar as bexigas, mas apenas de mantê-las suspensas no ar por meio dos movimentos de lutas vivenciados.

Discussão

- Essa atividade auxilia na visualização do oponente, mesmo que este seja uma simulação virtual representada pela bexiga.
- Na atividade de sombra individual alguns alunos poderão ter dificuldade na visualização do oponente, o que pode dificultar a realização da atividade. Dessa forma, a atividade com bexiga contribui para a visualização do alvo e, consequentemente, do objetivo que se deve atingir.
- O professor pode perguntar as diferenças entre imaginar um alvo que não existe e realizar as movimentações com a bexiga.
- Além disso, é possível permear a discussão a partir das dificuldades em manter a bexiga suspensa, bem como em tentar retirar as bexigas dos demais alunos por meio dos movimentos de luta vivenciados.

Atividade 7: Desvendando o cinema

Dica de filme
Rocky (I, II, III, IV, V, VI)

Os filmes *Rocky* são uma série de longas-metragem sobre um lutador de boxe em diversos momentos de sua carreira, dentro e fora dos ringues. Há descrição de sua vida pessoal, dramas vividos, glórias e vitórias incríveis, perdas inimagináveis e, quando todos acreditavam que ele já estava aposentado, uma volta triunfal aos ringues, no sexto filme da série. Protagonizado pelo ator Sylvester Stallone, os filmes apresentam cenas bastante interessantes sobre o mundo das lutas, mais especificamente do boxe. Embora seja uma história fictícia, há cenas muito legais de lutas, além de músicas que se tornaram verdadeiros "hinos" para muitos lutadores ao longo do tempo. Vale a pena assistir a um ou mais filmes, buscando encontrar as características sobre luta dos filmes e as discussões apresentadas e que muitas vezes estão inseridas no filme, como no quarto filme da série, em que há uma analogia à Guerra Fria com a rivalidade entre Rocky, o americano, e o Ivan Drago, a "ameaça russa".

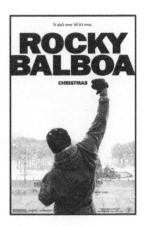

Questões para debate

1) É possível distinguir os aspectos de fantasia do filme, como os feitos impossíveis realizados pelo Rocky, e os aspectos que se assemelham a situações reais da vida? Dê alguns exemplos.
2) O boxe é uma luta de média distância. Você sabe alguma coisa sobre essa luta? Como e onde se originou? Por que não utiliza chutes, por exemplo? Pesquise algumas características históricas dessa luta e discuta com os outros alunos.
3) Você sabe por que o boxe é considerado a "nobre arte"? Pesquise e tente responder, comparando com as respostas dos outros alunos.

AÇÕES ESPERADAS/PREVISÍVEIS: PRÁTICAS EM GRUPO/COLETIVAS

As práticas esperadas/previsíveis em grupo/coletivas são aquelas que ainda mantêm um maior nível de previsibilidade das ações, compostas pelas formas e coreografias de algumas práticas, mas agora com duas ou mais pessoas na mesma atividade, interagindo umas com as outras.

De modo geral, essas pessoas podem estar relacionadas nas situações de prática em grupo/coletiva de duas formas diferentes: realizando exatamente as mesmas ações, ou seja, praticando um mesmo *kata* do caratê, por exemplo, ou então em uma relação de oposição sistemática e organizada, ou seja, lutando de forma simulada. Cada uma dessas situações exige diferentes formas de se compreender a realização dessas práticas.

Contudo, é determinante um alto grau de articulação entre os envolvidos nas ações para que a interação possa ocorrer do melhor modo possível com sincronia e veracidade, sem acarretar riscos à segurança dos envolvidos e promovendo a demonstração e beleza na realização dos movimentos. Abordaremos algumas propostas de atividades a seguir.

Atividade 8: Luta em dupla combinada

Materiais

Não é necessário nenhum material, no entanto, o professor pode utilizar materiais que simulem espadas, escudos, proteções, etc., para que os alunos possam demonstrar suas ações de diferentes formas.

Desenvolvimento

- Em duplas, o professor deve solicitar que os alunos combinem alguns movimentos (aproximadamente uma combinação de 10 movimentos) de ataque e defesa de qualquer luta, visando a simular um combate.
- Por exemplo: um aluno pode simular a realização de um soco, o outro pode defender e simular um chute, o outro pode simular ter recebido esse chute, e assim por diante.
- Ressalta-se que não é necessário o contato direto entre os alunos, uma vez que essa é uma atividade de simulação, podendo, inclusive, ser realizada em uma distância entre ambos que não necessite que eles se encostem.
- Cada dupla deve apresentar sua sequência de combinação de movimentos aos outros da turma.

Discussão

- É preciso enfatizar o respeito às individualidades do companheiro de atividade para que essa proposta possa ser realizada com a máxima segurança.
- O professor pode ilustrar movimentos de simulação de golpes e até movimentos de alguns filmes (p. ex., *Matrix*), para que os alunos possam ter ideias em suas sequências.
- Partindo da perspectiva de apresentação de filmes de luta, é possível discutir com os alunos que, por mais reais que as situações de luta dos filmes parecem ser, elas são na verdade fruto de muito treinamento e combinação de golpes, além dos efeitos sonoros e especiais que dão mais veracidade às ações. O que os alunos acham disso?
- E nos desenhos animados, como se dá a representação das lutas e dos feitos que são realizados?

Aprofundando a discussão

A simulação de golpes é uma prática muito antiga e está presente de diferentes formas. Além dos filmes, já citados anteriormente, existe uma série de apresentações nas quais há a combinação de golpes de luta. A curiosidade a seguir aborda uma dessas formas de simulação de luta.

Curiosidade

Leitura: O que é WWE?

Você já ouviu falar no evento World Wrestling Entertainment, o WWE? Esse é um evento muito popular nos Estados Unidos. Nesse evento, artistas das mais variadas origens como praticantes de lutas, artistas de teatro e circo, por exemplo, apresentam-se em performances de luta simulada, ou seja, lutas que são combinadas, também denominadas de "lutas de mentirinha".

Esse evento, além de ser muito popular, existe há muito tempo. Aliás, muitos artistas/lutadores ficaram famosos com essas formas de luta simulada, como Hulk Hogan, por exemplo, que se transformou em um personagem lendário desse tipo de evento e que por meio do seu carisma ficou bastante famoso em todo o mundo.

O filme *O lutador (The Wrestler),* por exemplo, ilustra a vida de um desses artistas, já em fim de carreira. Vale a pena assistir ao filme e observar que, por mais que haja uma combinação do resultado das lutas com antecedência, os lutadores às vezes se machucam para que o espetáculo possa parecer mais real.

Não devemos esquecer que esses eventos não são um privilégio apenas dos Estados Unidos. No México, por exemplo, esse tipo de evento é muito popular e atrai diversas pessoas; nesse país muitos artistas/lutadores utilizam as famosas máscaras que popularizam esse evento pelo México todo.

No Brasil também houve diversos eventos desse tipo. O mais famoso deles talvez tenha sido os *Reis do Ringue,* mas houve vários outros eventos de *Telecatch*, que inclusive passava na televisão, e tinha muita gente que acompanhava e assistia. Você já assistiu a alguns desses eventos?

Questões para debate

1) O que você acha desses eventos de simulação de luta? Você gosta? Não gosta? É legal saber que os lutadores estão combinando as ações, em vez de ser algo considerado "verdadeiro"?
2) O que mais vale nesses eventos de luta simulada, vencer ou agradar ao público para que o espetáculo seja interessante? Por quê?
3) Você participaria de eventos como esse? Por quê?

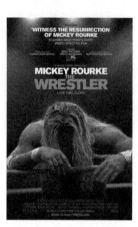

Dica de filme
O lutador (The Wrestler)

Randy "The Ram" Robinson (Mickey Rourke) é um lutador bem-sucedido nos anos de 1980 que é impedido de lutar após sofrer um ataque cardíaco. Assim, ele consegue um emprego em um restaurante, passa a morar com uma *stripper* e tenta se tornar amigo do filho dela, mas não consegue resistir a vontade de retornar à antiga carreira, mesmo sabendo que isso oferece riscos a sua saúde.

Questões para debate

1) Vale a pena prejudicar a própria saúde para fazer aquilo de que se gosta? Por quê?
2) Como o personagem principal do filme, Randy "The Ram" Robinson (O Carneiro), encara sua luta? Por que ele foi contrário à opinião de todos para continuar lutando? E você, o que acha das lutas?
3) Qual a sua opinião a respeito desse tipo de evento? É ou não é luta? Você acharia interessante assistir a um desses eventos de luta combinada? Por quê?

Atividade 9: O professor dá a ordem

Materiais

Nenhum.

Desenvolvimento

- O professor estará de frente para turma que deverá ficar perfilada, com uma distância de pelo menos um braço entre cada aluno, tanto dos lados quanto na frente e atrás.

O ensino das lutas na escola **117**

- O professor combinará alguns movimentos com os alunos que podem ser realizados de diferentes formas. Por exemplo, quando o professor disser *jab*, os alunos devem realizar todos juntos um *jab*; quando o professor disser direto, o mesmo procedimento deve ocorrer.
- Aconselha-se começar com poucos movimentos e ir acrescentando mais ao longo da atividade e do tempo de prática.
- É possível acrescentar giros, esquivas, deslocamentos, chutes, defesas de variadas formas, e assim por diante.
- Uma variação interessante é o professor substituir a instrução oral por outras formas. Assim, em vez de falar a ação ou o nome do golpe, o professor pode falar números (p. ex., de 1 a 4), cores que representem as ações, ou outras formas apropriadas, desde que sejam explicadas com antecedência aos alunos.
- É importante que os alunos realizem as movimentações da forma mais sincronizada possível, formando todos um conjunto que represente a prática das ações esperadas em grupo/coletivas.

Discussão

- A discussão deve ser pautada na dificuldade de realização das ações por parte dos alunos e, sobretudo, nas formas de se sincronizar as ações de cada um, formando um conjunto organizado e ordenado. Para isso, a compreensão sobre o respeito às diferenças individuais é fundamental.
- O professor também poderá indagar se essa atividade pode ser considerada divertida e com o mesmo nível de ludicidade de outros jogos e brincadeiras realizados pelos alunos.

Atividade 10: Criando formas em grupo

Materiais

Nenhum.

Desenvolvimento

- Em trios, o professor deve solicitar que os alunos elaborem uma sequência de movimentos (aproximadamente 10 movimentos) que simulem uma luta.
- No entanto, deve ser enfatizada a necessidade de todos os integrantes estarem sincronizados ao longo das ações realizadas, ou seja, é necessário um alto nível de articulação e diálogo entre os alunos para que os movimentos possam sair ordenados entre os integrantes.
- Cada trio deverá mostrar sua sequência brevemente para o resto da turma.
- A partir da prática em trios, o professor pode solicitar outras formas de realização dessa atividade em quartetos, quintetos e até mesmo um único grupo com a sala toda, o que exigirá um nível ainda maior de organização e interação entre os integrantes.

Discussão

- É fácil realizar atividades em sincronia com outras pessoas?
- Deve-se perguntar sobre a dificuldade de realização da atividade ilustrando que o nível de dificuldade está relacionado a partir da interação com os demais.
- Além disso, é fundamental que se questione por que essas práticas são consideradas esperadas/previsíveis. Quais características possibilitam que essa atividade apresente estas características?
- Quais as principais diferenças dessa atividade para as que foram realizadas individualmente?

Atividade 11: Você já ouviu falar no *body combat?*
Adaptado de Mais Equilíbrio (c2015)

Meio luta, meio ginástica, o body combat *é uma atividade animada que ajuda a perder muitas calorias. É uma aula aeróbica que combina movimentos, socos, chutes, joelhadas e deslocamentos derivados de várias atividades consideradas de autodefesa e artes marciais, como o caratê, o boxe, o* tai-chi-chuan, *o* kick boxing *e outros.*

Esta aula adquiriu um enorme sucesso devido à grande animação, melhora do condicionamento cardiorrespiratório e elevada queima calórica. Mas, além destes benefícios, há outros, como melhora da coordenação motora, da força, da agilidade e da flexibilidade.

Qualquer pessoa pode praticar o body combat, *de iniciantes a alunos avançados, cada um dentro do seu nível de condição física.*

A aula é dividida em 10 fases, cada uma com uma música e trabalho específico.

- Primeira fase
Aquecimento dos membros superiores e inferiores.

- Segunda fase
Primeiro combate: trabalha socos e chutes.

- Terceira fase
Primeiro power training: *música de intensidade alta e prática de socos e deslocamentos.*

- Quarta fase
Segundo combate: trabalha socos e chutes.

- Quinta fase
Segundo power training: *música de intensidade alta e prática de socos e deslocamentos.*

- Sexta fase
Terceiro combate: trabalha socos e chutes.

O ensino das lutas na escola **119**

• Sétima fase
Muay Thai: *exercícios de joelhada, cotovelada, etc.*

• Oitava fase
Terceiro power training: *música de intensidade alta e prática de socos e chutes.*

• Nona fase
Flexões e abdominais.

• Décima fase
Alongamentos.
Vale a pena experimentar e praticar esta aula!

Materiais

Aparelho de som.

Desenvolvimento

Depois da leitura do texto, solicite que os alunos tragam um pequeno vídeo de uma aula de *body combat* e experimentem realizar os movimentos em uma das aulas. Se algum aluno tiver experiência com essa prática na academia, chame-o para ajudar na atividade.

Questões para debate

1) Para você, o *body combat* é uma luta ou uma ginástica? Por quê?
2) Que elementos do *body combat* o caracterizam como uma prática previsível?
3) Você acha que é possível aprender a lutar a partir do *body combat*? Por quê?
4) Você teria o interesse de praticar o *body combat*? Por quê? Existe algum local gratuito do seu bairro que oferece essa prática?

Atividade 12: Lá na pré-história

Materiais

Nenhum.

Desenvolvimento

• O professor deverá dividir a turma de acordo com o número de alunos presentes em grupos entre oito e 10 pessoas, aproximadamente.
• Cada grupo deverá criar, de acordo com suas experiências prévias e o que foi discutido em aula, sua própria apresentação abordando a origem das lutas.
• Não é necessário abordar nenhuma modalidade em específico, embora isso também possa acontecer.

- O professor deve dar algumas ideias, indo desde a pré-história, passando pelo enfrentamento com os animais, lutas do oriente, entre outras questões que contribuam para o processo de criação dos alunos.
- As histórias também podem ser fantasiosas de acordo com o imaginário dos alunos, a partir dos objetivos do professor.
- Cada grupo deverá, após a elaboração de sua encenação, apresentá-la para as demais pessoas da sala, inclusive o professor. Todos do grupo devem participar da atividade de alguma forma, podendo existir narradores, apresentadores, artistas, mímicos, protagonistas, antagonistas, etc.

Discussão

- O professor deve questionar a respeito das ideias que os alunos tiveram. A partir de quais informações e conhecimentos eles criaram suas histórias?
- Será que essas histórias correspondem com a realidade?
- Desde quando os homens lutam?
- É possível realizar contextualização a partir da dimensão conceitual, abordando que as lutas acompanham os seres humanos desde o começo por diferentes razões e que, muito tempo depois, surgiram as modalidades, cada uma com suas especificidades.

11

Ações inesperadas/enfrentamento direto baseado nas distâncias (curta, média, longa e mista)

Até agora, focamos a discussão nas ações esperadas, ou seja, com um nível de previsibilidade maior, também denominadas de atividades de forma ou demonstração. No entanto, elas representam apenas uma parte das lutas. A partir de agora vamos enfatizar as discussões e as propostas de atividades nas ações inesperadas, ou seja, aquelas que apresentam um nível maior de imprevisibilidade, denominadas também de ações de enfrentamento direto.

Essas atividades exigirão a interação entre as pessoas, ou seja, será necessário o contato mais estreito entre os alunos, de acordo com as diferentes possibilidades apresentadas pela questão da distância.

Acreditamos que a questão da distância é um fator determinante na diferenciação das ações motoras dentro da categoria de enfrentamento direto. Assim, há características bastante evidentes entre uma ação realizada em uma distância mais próxima e uma distância maior entre os envolvidos nas ações.

Como já vimos, denominados a divisão das distâncias em quatro níveis: 1) curta distância; 2) média distância; 3) longa distância. Além disso, algumas práticas misturam diferentes distâncias e, por isso, são denominadas de mistas (quarto nível).

EXPECTATIVA DE APRENDIZAGEM

Os alunos devem conhecer até o final dessa unidade didática o que são práticas imprevisíveis/inesperadas nas lutas e relacionar essa característica com as distâncias: curta, média, longa e mista. Além disso, devem compreender que diferentes povos contribuíram para a construção de diversas manifestações de lutas ao longo da história da humanidade.

Atividade 1: Pega-pega trenzinho

Materiais

Nenhum.

Desenvolvimento

- Os alunos devem formar uma fila, um atrás do outro, com os braços no ombro do companheiro da frente.
- Eles não podem soltar as mãos do ombro do colega ao longo da brincadeira.
- O objetivo da atividade é que o primeiro aluno (que está na frente da fila) pegue o último aluno da fila sem permitir que o "trenzinho das lutas" se desfaça.
- Caso o aluno da frente concretize seu objetivo e pegue o último aluno, deverá ir para o final da fila e o segundo colocado assume a primeira posição, consequentemente, tornando-se o pegador e assim por diante, repetidamente até o sinal do professor.
- Repete-se a atividade procurando sempre trocar quem está na frente e atrás da fila.

Discussão

- O principal objetivo dessa brincadeira é promover uma iniciação aos jogos de luta.
- O professor deve enfatizar os aspectos dessa atividade que se relacionam com os princípios universais das lutas da escola.
- Por exemplo: o objetivo do pega-pega trenzinho necessita de um alvo móvel, personificado na figura de um companheiro que está no final da fila, fatos que ocorrem nas lutas da escola.
- Além disso, é importante enfatizar o respeito e o aspecto de companheirismo na fila para que a atividade possa se desenvolver, afinal, pegador e pegado fazem parte de um mesmo sistema estruturado no trenzinho.
- Discuta com os alunos se essa atividade envolve curta, média ou longa distância e as razões dessa escolha.

Atividade 2: Relacione as imagens com as categorias baseadas na distância: curta, média, longa e mista*

Procure colocar o número das imagens a seguir no quadro correspondente da categoria, como no modelo do Quadro 11.1. Compare com as respostas de seus colegas.

---

* Em www.grupoa.com.br, acesse a página do livro por meio do campo de busca e clique em Conteúdo Online para acessar e imprimir esta atividade.

O ensino das lutas na escola **123**

Quadro 11.1 Classificação das imagens a partir das distâncias da lutas

CURTA	MÉDIA	LONGA	MISTA

Respostas: Curta: imagens 2, 4 e 8; Média: imagens 1, 6, 9 e 11; Longa: imagens 3, 7 e 10; Mista: 5 e 12

Atividade 3: Estafeta do enfrentamento

Materiais

- Fitas para serem presas na cintura dos alunos (uma para cada aluno, pelo menos). Podem ser feitas de diferentes materiais, como barbantes, jornal, papel crepom, fita de tecido, etc.

Desenvolvimento

- Primeiro, divida os alunos em grupos com o mesmo número de alunos, sendo sempre grupos pares, ou seja, dois grupos, quatro grupos ou seis grupos, dependendo da quantidade de alunos.
- Cada grupo deverá ter a mesma quantidade de pessoas. Caso isso não ocorra, uma pessoa do grupo com menos pessoas deverá realizar a atividade duas vezes.

- Cada aluno receberá uma fita, a qual deverá ser colocada na cintura de maneira que fique presa somente pela ponta na calça ou na bermuda.

Observação: Os alunos não podem amarrar a fita no interior de suas roupas, eles devem apenas colocar a ponta do material para dentro de sua vestimenta.

- Os grupos deverão formar uma fila em ordem da mesma forma que uma estafeta. No entanto, os grupos, em pares, vão enfrentar-se, portanto, deverão permanecer em locais opostos da quadra, atrás da linha de futsal (ou voleibol, se for o caso). A Figura 11.1 ilustra a disposição dos grupos.

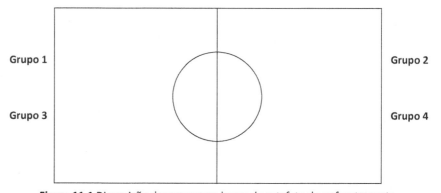

Figura 11.1 Disposição dos grupos ao longo da estafeta do enfrentamento.

- Nesse exemplo, os grupos 1 e 2 vão se enfrentar, e os grupos 3 e 4 vão se enfrentar.
- O objetivo dessa estafeta é que cada aluno possa adquirir a fita do oponente do outro grupo.
- Para isso, ao sinal do professor, os alunos que estão em primeiro lugar de cada grupo deverão dirigir-se correndo ao centro da quadra e iniciar o processo de aquisição da fita do colega do outro grupo que deverá fazer a mesma coisa.
- Assim que um dos dois conseguir adquirir a fita do outro, eles deverão se dirigir de volta aos seus respectivos grupos.
- O aluno que se saiu vitorioso do enfrentamento deverá depositar a fita do colega do outro grupo em uma caixa, localizada próximo a sua fila (podendo ser substituída por uma sacola, um balde, etc.).
- Ganha a atividade o grupo que conseguir adquirir mais fitas do grupo que enfrentou na estafeta.

Observação: Os alunos não devem se tocar, apenas buscar o contato com a fita do colega que deverá estar localizada na linha de sua cintura, ao longo da lateral de uma das pernas.

- Caso nenhum dos dois alunos que estão se enfrentando consigam a fita do outro por um período de 20 segundos, aproximadamente, os

dois deverão retornar para seus respectivos grupos e outros alunos deverão se enfrentar para que a atividade fique dinâmica.
- É possível realizá-la mais de uma vez bem como trocar os grupos que estão se enfrentando, visando ao maior contato entre os alunos.

Discussão

- É preciso estimular a discussão no sentido de buscar encontrar as similaridades que essa atividade proporciona com os aspectos universais das lutas da escola. Há oposição entre os envolvidos? Por quê?
- Também é interessante saber a opinião dos alunos sobre a atividade e como melhor realizá-la de acordo com cada contexto.
- O professor deve atentar para o alto nível de contato da atividade e considerar a questão do respeito às regras estabelecidas e da ética na execução da atividade como parte integrante do processo.
- Discuta com os alunos se essa atividade envolve curta, média ou longa distância e as razões dessa escolha.

Pal2iyawit/Shutterstock.com

Atividade 4: Você já ouviu falar no *kabaddi*?

As atividades de luta são todas práticas individuais, certo? Nem sempre! Embora a maioria das modalidades de luta seja considerada como práticas corporais individuais, há uma luta considerada coletiva. Seu nome é *kabaddi*.

Na verdade, o *kabaddi* é um esporte que mistura aspectos de algumas outras modalidades conhecidas, como o rúgbi e o *wrestling* (luta olímpica). Essa prática é bem antiga. Alguns dizem que se originou há mais de 4 mil anos, sendo bastante popular na Índia, entre outros países asiáticos.

O *kabaddi* é essencialmente um jogo coletivo, ou seja, duas equipes competem entre si, vencendo aquela que obter maior pontuação. A pontuação é dada a partir da captura ou do toque dos jogadores da equipe adversária. As equipes são compostas por 12 jogadores, sendo que sete são titulares e cinco são reservas.

Para que ocorra a pontuação, as equipes devem estar em lados opostos da quadra. Após o sorteio para ver quem começa, a equipe que iniciar o ataque deve enviar um de seus atletas/lutadores ao território da outra equipe. Ninguém pode tocar na pessoa que está atacando até ela encostar em alguém ou avançar a linha de defesa da outra equipe. Após ela encostar em uma ou mais pessoas do outro time, ela deve correr o mais rápido possível até o meio do campo para se livrar e concretizar o ponto.

Os jogadores da equipe adversária só podem buscar encostar no jogador da equipe que está atacando quando este encosta em alguém do time da defesa que aí sim poderá segurar e impedir que esse atacante volte ao centro da quadra, ou então avance para a linha de defesa. Cada tentativa de ataque deve ter a duração de, no máximo, 30 segundos. A pessoa que for tocada pelo atacante sai do jogo, deixando o time mais vulnerável.

A partir dessa lógica, as equipes vão alternando suas funções ora uma atacando e outra defendendo e vice-versa. O jogo possui dois tempos de 20 minutos, totalizando 40 minutos de ações com uma pausa de 5 minutos para a mudança dos lados. Os locais de prática do *kabaddi* variam bastante, podendo ser realizados em quadras semelhantes às de voleibol (porém, sem a rede no meio), campos de grama, areia, e outros lugares.

E você? O que acha do *kabaddi*? A seguir, há alguns vídeos que podem ser assistidos para melhor conhecimento desse jogo de luta coletivo que apresenta uma série de especificidades:

> Pakistan vs New Zealand/Women's/Day 5/5th World Cup Kabaddi Punjab 2014. Disponível em: <http://www.youtube.com/watch?v=BPtvdgmu4eM>.
> 2014 Incheon aslan game Kabaddi/Iran vs India (men-final). Disponível em: <http://www.youtube.com/watch?v=bRL74Zwt2F0>.
> World Kabaddi League, Day 37: Lahore Lions vs Punjab Thunder. Disponível em: <http://www.youtube.com/watch?v=v8zsTZ73lyU>.

Atividade 5: Prática do *kabaddi*

Deu para ter uma ideia de como é o *kabaddi*? Então, vamos praticar?

Materiais

Nenhum.

Desenvolvimento

O professor deverá seguir as seguintes etapas:
- Divida os alunos em grupos de no máximo 10 pessoas cada. Dois grupos vão enfrentar-se por rodada.
- Cada um dos times deve posicionar-se ao final de cada um dos lados da quadra, conforme observado na Figura 11.2.

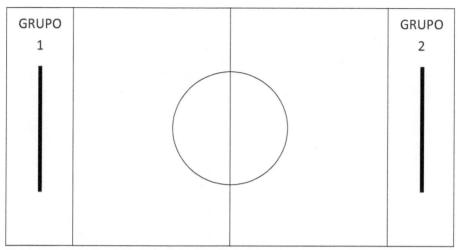

Figura 11.2 Início da atividade do *kabaddi* adaptado.

- Um representante de cada grupo deverá tirar "par ou ímpar" para saber qual equipe começará atacando.
- Após a definição da equipe que começará atacando, os grupos devem retornar para trás da linha do final da quadra de voleibol (se ela não existir, o professor pode estabelecer essa linha com algum tipo de fita ou outro objeto), e a atividade começa realmente.
- Uma pessoa do grupo que ganhou o "par ou ímpar" deve se dirigir à quadra adversária.
- Seu objetivo pode ser dois: encostar em algum membro da equipe de defesa ou passar qualquer parte do corpo para além da linha na qual está posicionada essa equipe.
- A equipe de defesa não pode encostar no atacante até que ele realize alguns dos objetivos propostos.
- Após a realização de alguns dos objetivos –, encostar em alguém ou transpor a linha onde está posicionada a defesa – o atacante deve correr o mais rápido possível até o meio da quadra.
- Ao passar a linha do meio da quadra sem ser pego, efetua-se 1 ponto para a equipe que está atacando. Caso alguém da equipe de defesa encoste no atacante após ele realizar um de seus objetivos, ele foi pego e deve voltar para junto de seu time sem pontuar. Dessa forma, o ponto vai para a equipe que está defendendo.
- Depois dessa primeira tentativa, invertem-se as ações, e a equipe que estava defendendo deve enviar um de seus membros para o outro lado da quadra para que ele possa ser o atacante da vez.
- A atividade desenrola-se até que uma equipe faça um maior número de pontuação ou até que uma equipe fique sem ninguém em quadra.
- Para dinamizar a atividade, o professor deverá informar que cada atacante realizará um de seus objetivos em um período de até 30 segundos.

- Decorrido esse tempo, se ele não realizar a ação, deverá voltar para seu campo e a outra equipe deverá enviar um atacante.
- Os atacantes deverão ser revezados de forma que todos os alunos possam vivenciar a experiência de atacar e defender em equipe.
- Uma alteração possível é inserir prendedores no corpo das pessoas de forma que, em vez de simplesmente encostar na pessoa no momento apropriado, deverá retirar o prendedor dela (enquanto ela tenta voltar para sua quadra).

Discussão

- Esse é um jogo coletivo, de forma que as ações individuais apresentam implicações para o sucesso ou não do grupo.
- Dessa forma, os grupos deverão ser instruídos a dialogarem e interagirem para que as estratégias possam ser realizadas de forma bem-sucedida.
- O professor deverá enfatizar o processo de valorização do time e de como as ações individuais contribuem para que o time possa ganhar a brincadeira.

Questões para debate

1) O *kabaddi* é uma luta individual ou coletiva? Por quê?
2) Vimos que nas lutas as ações de defesa e ataque são dadas de forma simultânea. No *kabaddi* não, ora uma equipe ataca, ora a outra. Será que isso representa uma luta? Por quê?
3) Quais as semelhanças e diferenças entre o *kabaddi* e as outras práticas de luta conhecidas?

Pesquisa

A partir do *kabaddi*, podemos buscar compreensões sobre o multiculturalismo. Dessa forma, vamos pesquisar sobra a cultura dos locais onde essa modalidade é popular? Pesquise sobre a cultura e as principais práticas corporais de várias outras localidades para que isso seja debatido em sala de aula, relacionando as diferentes lutas aos diferentes países.

Atividade 6: Pega-pega prendedor

Materiais

Prendedores de roupa (diversos).

Desenvolvimento

- Cada aluno deverá receber cerca de 4 ou 5 prendedores de roupa, de acordo com a disponibilidade desses materiais.

- Os alunos deverão colocar os prendedores de forma visível, tanto na parte da frente quanto na parte de trás de suas camisetas.
- Ao sinal do professor, cada aluno deverá buscar adquirir o máximo possível de prendedores de seus colegas, conforme ilustrado na Figura 11.3.

Figura 11.3 Pega-pega prendedor.

- Os alunos não podem proteger com as mãos seus próprios prendedores, eles podem apenas se esquivar e fugir dos outros pegadores.
- Ao adquirir prendedores, os alunos devem colocá-los na sua camiseta, não podendo permanecer com os materiais nos bolsos ou nas mãos.
- É preciso ressaltar ainda que, mesmo que um aluno não tenha mais prendedores, ele ainda pode permanecer na brincadeira procurando adquirir o máximo de prendedores de seus colegas.
- Ao final de cerca de 2 minutos (o tempo pode variar de acordo com o número de alunos e espaço disponível), o professor deve emitir um sinal e os alunos devem interromper a brincadeira.
- É possível realizar a contagem de materiais dos alunos para averiguar qual aluno adquiriu mais prendedores ao longo do pega-pega.
- A atividade pode ser repetida novamente, sempre iniciando a brincadeira com um número de prendedores iguais entre todos os alunos.

Observação

- Essa atividade proporciona uma série de possibilidades de relação com as características universais das lutas da escola.
- Primeiramente, os prendedores simulam que o alvo é o outro, mesmo que não o atingindo diretamente.

- Além disso, é preciso estabelecer regras que propiciem a realização da atividade de forma lúdica e segura.
- É preciso ainda ter respeito em prol da atividade e dos colegas na hora da aquisição dos prendedores e de sua contagem ao final de cada intervalo.
- Professor, questione aos alunos se eles gostaram da atividade e quais são as possíveis relações dessa proposta com as atividades que eles conhecem sobre as lutas.

Questões para debate

1) De que forma as lutas podem ser divididas?
2) Por que as ações e as intenções são tão determinantes na divisão dos jogos de luta?
3) Como são divididas as práticas esperadas?
4) Como são divididas as práticas inesperadas?
5) Vocês concordam com essa divisão? Há outras formas de se compreender as lutas da escola? Se sim, especifique algumas possibilidades.

12

Ações de curta distância – agarre

No capítulo anterior, abordamos a questão da divisão pela distância entre a categoria das ações inesperadas/enfrentamento direto das lutas da escola. Como abordada, a divisão pela distância é uma forma de classificar as lutas da escola de acordo com diferentes distâncias que proporcionam diversas ações motoras diversificadas e que devem ser ensinadas aos alunos.

Além da concepção da distância como fator preponderante das lutas, acreditamos que outras duas características são fundamentais para a classificação das lutas da escola no que corresponde às práticas com enfrentamento direto/ações inesperadas, também denominadas de imprevisíveis: as ações relacionadas às intenções por detrás das ações, que são o toque (socos e chutes) e o agarre.

As práticas de curta distância, como o próprio nome sugere, são aquelas nas quais há uma maior proximidade dos envolvidos nas ações motoras. Essa proximidade possibilita características que diferenciam essas ações daquelas realizadas com uma maior distância (média e longa distância).

De maneira geral, as práticas de curta distância apresentam diferentes nomes: ações de agarramento, *grappling, wrestling,* lutas corpo a corpo, entre outras. Mesmo com diferenças visíveis entre as diversas modalidades de curta distância, todas apresentam algumas características em comum. A maior característica pode ser definida pela proximidade entre os envolvidos que realizam diferentes ações havendo um contato direto entre si.

Destaca-se, ainda, que a proximidade entre os envolvidos nas lutas de curta distância induz ações motoras muito características sobre essas práticas. Não há a realização de socos e chutes, por exemplo, pois essas ações dependem de uma distância um pouco maior. As ações de curta distância relacionam-se ao agarramento do adversário, podendo variar de acordo com cada modalidade, porém, sendo necessária essa proximidade entre os envolvidos ao longo das ações motoras.

Exemplos de modalidades de luta de curta distância são o *wrestling* (ou luta olímpica), o judô, o *jiu jitsu,* o sumô e outras menos conhecidas, como o *huka-huka* e a luta do azeite, por exemplo.

EXPECTATIVA DE APRENDIZAGEM

Os alunos devem conhecer até o final dessa unidade didática que as práticas imprevisíveis/inesperadas de curta distância envolvem, sobretudo, elementos de agarre, de forma direta e indireta. Devem reconhecer quais as lutas que empregam essa lógica nas suas ações. Os alunos devem também praticar e vivenciar as práticas de agarres (curta distância), buscando respeitar os colegas e repudiando qualquer forma de violência.

AÇÕES INESPERADAS/ENFRENTAMENTO DIRETO: AÇÕES DE CURTA DISTÂNCIA – AGARRE DIRETO

As atividades a seguir contemplam a categoria das lutas de curta distância. Como vimos, as práticas de curta distância proporcionam ações de agarre ao corpo da outra pessoa. Apresentaremos a seguir as atividades cujo objetivo está no agarre ao corpo do outro, por isso, agarre direto. Então, vamos lá!

Atividade 1: Cara a cara

Materiais

Nenhum.

Desenvolvimento

- Em duplas, os alunos devem estar postos um de frente ao outro.
- Os braços devem estar estendidos e as palmas das mãos das duas pessoas da dupla devem estar se tocando.
- As pernas devem estar estendidas e o corpo deve estar levemente projetado para a frente, conforme é possível observar na imagem a seguir.

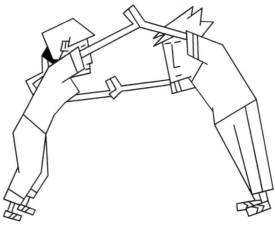

Figura 12.1 Cara a cara.

O ensino das lutas na escola **133**

- O objetivo é apoiar-se na outra pessoa e buscar desequilibrá-la para um dos lados, porém, buscando manter-se com o equilíbrio.

Observação: Como não há a intenção de excluir a pessoa de um determinado espaço, por exemplo, essa não é uma ação indireta. Podemos considerar essa ação como de agarre direto pelo fato de o objetivo estar no desequilíbrio proporcionado diretamente pelo agarre ao outro, ou seja, o desequilíbrio do outro é o objetivo, a finalidade da atividade.

Discussão

- Essa atividade, embora simples, exige certo nível de confiança no outro, pois estamos projetados para a frente e usamos o outro para nos apoiar. Ao mesmo tempo, precisamos desequilibrá-lo sem que ele nos desequilibre. Sendo assim, é necessária uma troca de oposições e posições objetivando o desequilíbrio do outro e a manutenção do nosso equilíbrio.
- É possível conduzir a conversa para a questão do respeito necessário entre as duplas, ao mesmo tempo em que este não deixa de ser um jogo de luta, sendo necessárias estratégias para se opor ao outro. Que estratégias os alunos utilizaram? Essas estratégias enquadram-se nas regras estabelecidas?

Atividade 2: Jogo do desequilíbrio

Materiais

Nenhum.

Desenvolvimento

- Em duplas, um de frente para o outro.
- Nessa atividade, cada um da dupla deve estar com uma das pernas para a frente.
- O professor pode variar, sendo ora a perna esquerda na frente (para ambos da dupla), ora a perna direita (para ambos da dupla).
- A partir dessa posição de base com uma das pernas para a frente, os alunos devem encostar as duas partes de fora do seu calçado, conforme demonstrado na Figura 12.2.
- Os alunos devem então segurar na mão da frente do outro.
- Essa mão é exatamente a mão do mesmo lado da perna que está na frente. Por exemplo, se a perna direita de ambos da dupla encontram-se para a frente, os alunos devem segurar um na mão direita do outro, e vice-versa.
- Ao sinal do professor, os alunos devem buscar, por meio da utilização de movimentos de puxar e empurrar, desequilibrar o outro da dupla.
- Se uma das pernas sair do chão, o desequilíbrio é efetivado e os alunos voltam a se enfrentar.
- O professor pode repetir a vivência na mesma dupla durante alguns instantes e depois propiciar que as duplas sejam trocadas.

Figura 12.2 Jogo do desequilíbrio.

Mas, atenção: se houver número ímpar de alunos, algum aluno vai sempre "sobrar", devendo haver uma atenção especial, para que não seja sempre o mesmo aluno que não vivencie a atividade.

Discussão

- Da mesma forma que a atividade anterior, é preciso respeitar as regras estabelecidas.
- As estratégias criadas não devem afetar as regras de conduta referentes às lutas da escola.
- No entanto, há certa flexibilidade na construção das regras e isso deve ser conversado com os alunos.
- É possível estabelecer acordos sobre a possibilidade de utilizar a perna da frente para viabilizar o desequilíbrio do outro, ou ainda se a perda do equilíbrio será concretizada somente com a retirada do pé do chão ou se é preciso encostá-lo em outro lugar para efetivar o desequilíbrio.
- Pergunte aos alunos: por que essa atividade é uma ação de curta distância e de agarre direto?
- Ou ainda: como se dá a construção do respeito ao outro nesta ação de oposição? Tal questão deve ser contextualizada com os alunos, buscando compreensões sobre a importância do respeito na vivência de atividades de oposição.

Atividade 3: Cotovelo na cintura

Materiais

Nenhum.

Desenvolvimento

- Em duplas, um de frente para o outro.
- O objetivo da atividade é fazer o outro encostar seus próprios cotovelos na sua linha da cintura.
- Para isso, o ataque deve ser simultâneo entre ambos os alunos, ou seja, os dois alunos devem procurar encostar os cotovelos do outro na cintura dele ao mesmo tempo em que buscam não encostarem seus próprios cotovelos na sua cintura.
- Para viabilizar a realização dessa atividade, não é permitido nenhum movimento de toque ou percussão no outro, como socos.
- É preciso buscar encontrar estratégias a partir dos movimentos de agarre, segurando o outro, abraçando-o e induzindo-o ao objetivo proposto, sem com isso ter os próprios cotovelos encostados na própria cintura.
- A Figura 12.3 ilustra o enfrentamento buscando realizar a ação proposta.

Figura 12.3 Cotovelo na cintura.

Discussão

- Nessa atividade, o contato tende a ser maior, o que, por um lado, possibilita vivenciar ações mais próximas daquelas encontradas em algumas lutas de curta distância. Contudo, podem causar maior constrangimento ou mesmo proporcionar lesões.
- Às vezes, na própria excitação da atividade, os alunos podem buscar por estratégias que violem os princípios de regras e respeito oriundos das lutas da escola e, por isso, devem ser constantemente alertados para o que pode e o que não pode ser realizado.
- É preciso também que haja um processo democrático no qual eles realmente compreendam o que é preciso para que a atividade se desenvolva. O foco no respeito entre as duplas deve ser a tônica de discussão.
- Não é necessário esperar que ocorra situações de desrespeito para se discutirem questões como o respeito à integridade física e psicológica do outro, bem como as diferenças individuais de força, agilidade, envergadura, etc.
- Essas diferenças individuais devem ser ilustradas como formas de enaltecer as diversas formas de existir, não havendo algo melhor ou superior do que outro.

Atividade 4: Me segura que eu fujo

Materiais

Nenhum.

Desenvolvimento

- Em duplas, um de frente para o outro com aproximadamente um braço de distância entre ambos os alunos.
- Nessa atividade, um dos alunos da dupla objetivará fugir do colega que, por sua vez, objetivará segurá-lo e dominá-lo o máximo de vezes possível.
- O professor deve estipular qual dos dois iniciará segurando e qual tentará fugir.
- O aluno que deverá fugir não pode sair correndo pelo espaço, deve permanecer a uma distância de um braço, aproximadamente, do outro aluno que, por sua vez, tentará de todas as formas segurar o outro.
- Não será permitido socos, chutes, arranhões ou segurar qualquer parte da vestimenta do outro aluno, bem como cabelos, óculos, entre outros.
- O ato de agarrar deve ser feito nos ombros, braços ou punhos do outro, tentando mantê-lo próximo de si, dominando-o por aproximadamente 3 segundos. Após esse tempo, é possível soltar o outro e iniciar uma nova investida.

Figura 12.4 Me segura que eu fujo.

- Depois de alguns momentos de vivência, o professor pode trocar as funções, e quem ataca passa a procurar defender-se, e quem defende passa a atacar.
- Uma possível variação é não estabelecer *a priori* quem será o atacante e quem será o defensor.
- Ou seja, o professor pode estipular que um da dupla representa os números pares, por exemplo, e o outro os números ímpares, e cada hora ele pode anunciar um número, que será o atacante, bem como pedir aos alunos que realizem pequenos cálculos matemáticos para encontrar se o resultado é ímpar ou par.

Observação: Em muitas ocasiões, os alunos que devem fugir das ações do outro podem sair correndo a uma distância bastante grande do outro. Essa prática desconfigura as ações de curta distância e não deve ser realizada. É preciso dialogar com os alunos para atentar a essa questão, orientando-os a permanecer no raio de ação do outro com uma distância de, aproximadamente, um braço.

Discussão

- Como as ações de fuga devem ser realizadas próximas ao outro, de forma circular, como em muitas modalidades de luta, é possível que a proximidade provoque diferentes reações entre os alunos. Por isso, é fundamental compreender como os alunos se sentem com tal proximidade de ações, que devem ser permeadas pelo respeito.
- Além disso, essa atividade costuma ser bastante intensa e, por isso, deve ser realizada por um curto período. Professor, pergunte aos alunos se a atividade está muito intensa e acompanhe os intervalos de descanso para controlar a frequência cardíaca durante a atividade.
- É preciso dialogar com os alunos sobre o propósito da atividade e as adaptações necessárias, pois diferentemente de outras atividades, nesta

não há as ações de ataque e defesa realizadas simultaneamente, uma vez que ora um ataca e o outro defende, ora os papéis são invertidos. Compreender o conceito de não simultaneidade é fundamental para o entendimento dessa atividade.

- Além disso, o respeito entre as duplas é condição *sine qua non* para o desenvolvimento da atividade.

Atividade 5: Me segura que eu fujo sentado

Materiais

Nenhum.

Desenvolvimento

- Em duplas, sentados, um de frente ao outro.
- A atividade segue os mesmos princípios da atividade anterior, porém, agora a realizando a partir do plano sentado.
- Dessa forma, ora um deverá atacar e o outro se desvencilhar dos ataques, ora o outro.
- Os alunos devem estar próximos, da mesma maneira que na atividade em pé, e buscar por formas de concretizar suas ações seguindo as regras de segurar ombros, braços e punhos do outro.

Observação: A atividade "Me segura que eu fujo" realizada sentada viabiliza novas maneiras de se praticar as lutas da escola a partir de outros planos de ação, o que é importante para os alunos vivenciarem também. No entanto, é preciso ter atenção à qualidade do local que deve ser apropriado para comportar tal atividade, bem como é impreterível a relação de respeito entre os envolvidos na ação.

Discussão

- É fundamental que o respeito nas ações estabelecidas seja o mote das discussões com os alunos. Dessa forma, é impreterível questioná-los sobre as estratégias utilizadas para se obter sucesso na atividade sem restringir o respeito entre os envolvidos nas ações.
- Além disso, os alunos devem discutir sobre as principais semelhanças e diferenças em relação a esta atividade e a anterior, realizada em pé.

Pesquisa

Professor, solicite aos alunos pesquisarem uma modalidade esportiva de luta conhecida que representa as mesmas orientações das ações de curta distância – agarre direto, ou seja, tem no outro a finalidade da ação (p. ex., *jiu jitsu*, sambo, etc.). Os alunos devem trazer informações sobre essa modalidade por escrito para a próxima aula.

Questões para debate

1) Por que a modalidade pesquisada pode ser considerada de curta distância – agarre direto?
2) Quais as principais regras dessa modalidade?
3) Explique um exemplo de ação de agarre direto dentro dessa modalidade.

AÇÕES INESPERADAS/ENFRENTAMENTO DIRETO: AÇÕES DE CURTA DISTÂNCIA – AGARRE INDIRETO

A partir de agora, vamos apresentar uma série de atividades de curta distância – agarre indireto, aquelas em que há o enfrentamento e a oposição entre as pessoas, porém, buscando outro fim, ou seja, o enfrentamento é o meio para outra determinada finalidade que pode variar desde encostar as costas no chão até excluir o outro de um determinado espaço. Deve-se destacar que há maior variedade de atividades de agarre indireto em comparação com as atividades de agarre direto dentro das lutas, até mesmo pela possibilidade de desconstrução e adaptação que há dentro desse grupo. Então, ao combate!

Atividade 6: O círculo da invasão

Vivenciar em grupo formas de lutas da escola de curta distância com contato indireto, fazendo do outro um meio para atingir outro fim, que é chegar ao território estabelecido, buscando compreender a exclusão do espaço e a valorização das individualidades de cada um, respeitando as diferenças.

Materiais

Nenhum.

Desenvolvimento

- Os alunos devem ser divididos em grupos de aproximadamente cinco pessoas. O número de alunos por grupo poderá variar de acordo com o total de alunos.
- Dois grupos se enfrentam, sendo que ora um atacará e outro defenderá, ora as funções serão trocadas.
- O professor deverá desenhar com giz no espaço alguns círculos.
- Deve haver um círculo com o diâmetro maior e um com o diâmetro um pouco menor, conforme observado na Figura 12.5. (As medidas variam de acordo com o número de alunos.)
- No espaço é possível haver diversos círculos dispostos distantes um do outro, sendo que cada círculo (contando o círculo maior e o círculo menor) serão disputados por dois grupos, um que atacará e outro que defenderá.

Figura 12.5 O círculo da invasão.

- Caso haja mais alunos no espaço, os círculos deverão ser maiores.
- O grupo que começará defendendo deve ficar em volta do círculo menor, de costas para o espaço e de frente para os alunos que vão atacar. Os alunos que vão atacar deverão ficar de frente para o grupo que estará defendendo, porém, fora do círculo maior.
- O objetivo do grupo que atacará será chegar ao círculo menor.
- Consequentemente, o objetivo dos defensores será buscar inviabilizar que essa conquista de território se efetive, por meio de ações de agarre, respeitando as regras.
- Depois os grupos trocam de função e quem estava atacando passa a defender e vice-versa. O professor pode computar um tempo (p. ex., 30 segundos ou 1 minuto) para a troca das ações.

Discussão

- Essa atividade tem objetivo indireto, uma vez que o grupo que atacará vai enfrentar o grupo que estiver defendendo, mas com a intenção de conquistar o território estabelecido no círculo menor, ou seja, o contato será um meio para se atingir outro fim – a conquista do espaço.
- Por que essa é uma atividade de contato indireto?
- Qual o objetivo da atividade?
- Que estratégias os grupos podem construir para atingir os objetivos propostos – tanto para os atacantes quanto para os defensores?
- É possível discutir ainda sobre as ações possíveis, uma vez que essa é uma atividade de curta distância de toque, não sendo permitidos socos, chutes, entre outras ações de percussão.
- Questões éticas e valores de respeito devem permear sempre a discussão, sobretudo por meio do respeito às regras estabelecidas e individualidades existentes. Como essas individualidades podem influenciar nesse jogo de luta?

Atividade 7: Quem será o *yokozuna*?

Yokozuna é a titulação máxima recebida por um lutador de sumô, quando este alcança o mais alto grau dentro da hierarquia competitiva dessa modalidade. A atividade busca vivenciar essa prática, permeando conceitos advindos dessa modalidade bastante tradicional no Japão.

Materiais

Nenhum.

Desenvolvimento

- Em duplas, um de frente para o outro.
- O professor pode usar o círculo central existente nas quadras para delimitar o espaço ou desenhar alguns círculos sobre a quadra com um espaço menor.
- As duplas devem, por meio de ações de agarre nos braços, mãos e quadril um do outro, tentar tirar o outro do espaço delimitado.
- Duas regras são fundamentais: não pode pisar para fora da área delimitada e nem encostar qualquer parte do corpo no chão que não seja as solas dos sapatos (ou dos pés).
- Também não são permitidos socos, chutes, puxões de cabelo ou qualquer outra ação que possa ferir de alguma forma a outra pessoa.
- As duplas devem se enfrentar e serem trocadas. É possível ir mantendo aquele que está vencendo os confrontos, caso o professor considere viável tal situação.
- Decorridos alguns minutos de atividade, o professor pode trocar as duplas.
- É preciso ter em mente duas características: as ações são intensas, por isso, é difícil manter essa atividade por muito tempo e os alunos não devem ficar muito tempo esperando para realizar as ações, devendo haver mais círculos.

Figura 12.6 Quem será o *yokozuna?*

Observação: Aconselha-se utilizar uma corda para o desenho na quadra com giz, para que o círculo fique com uma circunferência determinada em toda sua extensão. Destaca-se, ainda, que essa atividade é intensa e, por isso, é possível que os alunos descansem um pouco entre uma prática e outra, podendo inclusive que as duplas sejam variadas para maior interação entre os alunos. Finalmente, é possível que os alunos sejam divididos por características semelhantes, formando grupos dos mais leves e mais pesados ou mais altos e mais baixos, enfrentando em círculos diferentes, por exemplo.

Discussão

- No Japão, *yokozuna* é a mais alta condecoração que um lutador de sumô pode receber. Somente os melhores lutadores recebem esse título.
- Para muitas pessoas, o *yokozuna* é uma espécie de "encarnação" de alguma divindade na Terra. Ele não pode nem dirigir ou sequer cozinhar sua própria comida.
- Essas informações podem ser divulgadas com os alunos, visando a um olhar de compreensão da diversidade existente entre diferentes contextos. Ou seja, a pluralidade cultural pode ser o mote para uma discussão sobre as características culturais do Japão, país no qual o sumô é muito popular.
- Além disso, é possível discutir sobre a atividade em si, estratégias utilizadas pelos alunos e quais são formas desenvolvidas para manter o equilíbrio e deslocar a outra pessoa do espaço delimitado.
- Finalmente, as características individuais devem ser discutidas tendo como referência o respeito. Quem tende a vencer tal atividade? Por quê? Como é necessário compreender o respeito ao longo dessa atividade?

Atividade 8: De olho no objeto – em duplas

Materiais

Qualquer objeto barato e que propicie o agarre, como bolas pequenas (p. ex., de tênis), cones pequenos, ou até mesmo canetas ou outros materiais.

Desenvolvimento

- Os alunos devem ser divididos em duplas.
- Cada componente da dupla terá funções diferenciadas, pois um vai atacar enquanto o outro vai defender.
- O aluno que vai defender deverá proteger o objeto colocado a um raio de 1 metro de distância dele aproximadamente (ele não deve ficar muito próximo desse objeto).
- Por sua vez, o aluno que vai atacar deverá tentar alcançar o objeto. Para isso, ele precisará, como um objetivo indireto, enfrentar o defensor que buscará de todas as maneiras possíveis impedir que o atacante alcance o objeto.

- As ações permitidas são aquelas ligadas às práticas de agarre das modalidades de curta distância, ou seja, tentar empurrar, puxar e segurar o outro. Não é permitida nenhuma ação de toque, como chutes ou socos.
- Ao atingir o objetivo, o atacante computa 1 ponto e volta novamente à posição inicial, tentando alcançar de novo o objeto.
- Depois, as funções são invertidas, ou seja, quem estava atacando passa a defender e quem estava defendendo passa a atacar, pelo mesmo período.
- É possível depois de algum tempo trocar as duplas. A duração da atividade pode variar de acordo com o planejamento do professor, mas as duplas não devem permanecer se enfrentando por longos períodos.
- A Figura 12.7 ilustra uma situação referente a essa atividade.

Figura 12.7 De olho no objeto – em duplas.

Observação: Alguns alunos, focando apenas no objeto que devem alcançar, podem confundir algumas situações, utilizando estratégias não permitidas. É preciso que os alunos tenham clareza das ações permitidas para que a construção das estratégias seja válida e leve à eficiência na realização do objetivo.

Discussão

- Quais estratégias foram utilizadas pelos alunos para a concretização do objetivo proposto?
- Como o outro aluno pode inviabilizar que seu companheiro alcance o objetivo (objeto) proposto?
- Qual a importância do respeito para que a atividade possa acontecer?
- Com relação às questões de gênero: meninos e meninas podem praticar juntos essa atividade? Por quê?

Atividade 9: De olho no objeto – trios

Materiais

Qualquer objeto barato e que propicie o agarre, como bolas pequenas (como de tênis), cones pequenos, ou até mesmo canetas ou outros materiais.

Desenvolvimento

- A atividade segue os mesmos preceitos da forma anterior, praticada em duplas.
- No entanto, o número ímpar de pessoas possibilita uma instabilidade nas ações de defesa e de ataque, pois não haverá o mesmo número de pessoas defendendo ou atacando o implemento.
- É possível realizar as seguintes variações:
    - uma pessoa do trio ataca e duas defendem o implemento;
    - duas pessoas do trio atacam o implemento enquanto uma tenta defendê-lo.

Variações

- É necessário variar as funções dentro do trio para que todos possam experimentar todas as situações (defender e atacar sozinho e defender e atacar acompanhado de um colega).
- Os trios podem ser trocados visando a maior interação da sala.

Figura 12.8 De olho no objeto – trios.

Discussão

- Quais as principais diferenças e semelhanças entre as formas de realização da atividade de olho no objeto, tanto em duplas quanto em trios?
- Quais das formas de realização da atividade são mais fáceis e quais são mais difíceis?
- É preciso enfatizar que o nível de interação entre os trios é maior, deixando a atividade mais complexa.
- Como a defasagem numérica prejudicou o desenvolvimento da atividade? É possível ampliar essa perspectiva para se ampliar a abordagem das discussões. Como os alunos se sentiram nessa atividade?
- Quem estava nas ações com maioria numérica se saiu melhor? Por quê?
- E na nossa sociedade? As minorias conseguem conquistar seus objetivos? Por quê?

Atividade 10: Esse espaço é meu!

Materiais

Arcos de ginástica.

Desenvolvimento

- Em duplas, os alunos devem se enfrentar por meio de ações de agarre (puxar, empurrar, segurar, entre outras), visando a permanência do seu próprio equilíbrio e a exclusão do outro colega de algum espaço determinado.

Variações

- *Um aluno permanece dentro e o outro fora do arco:* nessa forma, o objetivo de quem está dentro do arco é buscar permanecer ali, ao passo que o objetivo de quem está fora do arco é procurar retirar o outro do espaço e adentrar nesse local.
- *Dois alunos fora do arco:* nessa variação, busca-se que as duplas enfrentem-se começando ambos fora do arco e visando a adentrar no espaço e permanecer ali por um período de 3 segundos, aproximadamente, sem que o outro consiga retirá-lo.
- *Dois dentro do arco:* nessa terceira e última variação, é possível que ambos comecem dentro do arco e o objetivo de ambos será retirar o outro do arco e permanecer sozinho nesse espaço sem que o outro consiga retirá-lo (por aproximadamente 3 segundos).

Observação: As três formas propiciam a vivência de ações de enfrentamento de forma lúdica visando a permanência/exclusão do espaço delimitado pelo arco. Deve-se ressaltar, no entanto, que, muitas vezes, o arco, por ser móvel, pode ser chutado ou se mover ao longo do enfrentamento. Como forma de adaptação, é possível utilizar outros materiais ou mesmo desenhar com giz na quadra pequenos círculos nos quais podem ocorrer o enfrentamento nas duplas.

Discussão

- Essa atividade é interessante para os alunos?
- Eles gostaram? Por quê?
- Há outras variações possíveis? Se sim, quais?
- Que tal experimentá-las também?
- Como se dá o respeito às regras estabelecidas durante os enfrentamentos necessários nesse jogo? É preciso permear a discussão com o olhar sobre as condutas éticas necessárias para que a atividade ocorra do modo mais apropriado possível.

Atividade 11: Luta de galo

Materiais

Nenhum.

Desenvolvimento

- Esta é uma atividade clássica relacionada aos jogos de luta.
- Na nossa divisão, ela representa uma atividade de curta distância de agarre indireto, uma vez que o objetivo é desequilibrar o outro estando no plano medial, ou seja, agachado.
- Em duplas, um de frente para o outro, palmas das mãos abertas e em contato direto com as mãos da outra pessoa.
- Os alunos devem executar movimentos buscando desequilibrar o outro.
- É possível mover-se pelo espaço, embora o plano medial impeça um pouco o deslocamento.
- As duplas podem ser variadas ao longo da vivência.
- A duração de cada ação entre as duplas deve corresponder a alguns poucos segundos (10 ou 20, no máximo), por conta do desgaste da atividade.

Figura 12.9 Luta de galo.

Discussão

- É possível realizar essa atividade entre meninos com meninas? Por quê? Essa discussão pode pautar a atividade, uma vez que se acredita haver a possibilidade de vivência mista, ou seja, meninas brincando junto com meninos. Porém, isso precisa ser discutido e problematizado com os alunos também.
- Além disso, é possível discutir sobre as dificuldades da atividade que exige uma outra forma de realização das ações motoras a partir do plano medial. Todos conseguiram realizar? Por quê?
- Que outras formas de adaptação seriam possíveis para a realização de tal atividade? Que tal experimentar também essas variações?

Atividade 12: Sumô *jo ken po*

Materiais

Nenhum.

Desenvolvimento

- Os alunos devem ser divididos em dois grupos com número igual de participantes.
- Cada grupo deverá permanecer de um lado da quadra, na parte de fora (atrás da última linha).
- A quadra deverá estar desenhada com círculos, um ao lado do outro, em forma de caminho, ligando um lado ao outro do espaço.
- Esses círculos devem ter o diâmetro de, aproximadamente, 1 metro (círculos muito pequenos, com o diâmetro de um arco, por exemplo, também podem ser utilizados, mas podem dificultar a realização da atividade de maneira adequada).
- Há diversas formas de realizar a ligação de um lado a outro da quadra através do desenho dos círculos, que deverão ser feitos com giz ou outro material.
- A Figura 12.10 ilustra duas maneiras possíveis.

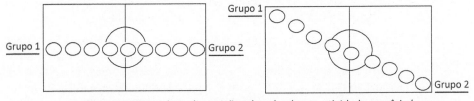

Figura 12.10 Possíveis disposições dos círculos na atividade sumô *jo ken po*.

- O objetivo de cada grupo é passar para o outro lado.
- Porém, para isso, é preciso que cada aluno atravesse o campo individualmente. Ou seja, sairá um jogador do grupo 1 de um lado da qua-

dra e um jogador do grupo 2 do outro lado da quadra, andando por entre os círculos.

- Quando estes jogadores se encontrarem, eles deverão se enfrentar em uma espécie de sumô adaptado, com as mesmas regras vistas anteriormente – não podem encostar nenhuma parte do corpo no solo com exceção da sola do tênis e não podem pisar para fora do círculo.
- O aluno que perder o enfrentamento deverá sair dos círculos e retornar ao final da fila do seu grupo.
- O aluno que ganhou o enfrentamento deverá seguir em frente em direção ao final da quadra.
- No entanto, outro jogador da equipe que perdeu o enfrentamento deverá sair da fila em direção ao jogador que ganhou o enfrentamento.
- Quando eles se encontrarem, deverá haver mais um enfrentamento.
- Da mesma forma, quem ganha permanece buscando chegar ao final da quadra adversária e quem perde, deve retornar ao final da fila do seu grupo.
- Há, na verdade, dois grandes objetivos coletivos:
  - Todos devem chegar do lado oposto da quadra o mais rápido possível para ganhar o jogo.
  - Ao mesmo tempo, o grupo deve buscar impedir que os alunos do outro grupo cheguem ao final da quadra.
- Ou seja, o enfrentamento é um objetivo indireto, o meio, uma vez que atingir o outro lado da quadra, é o fim, o objetivo maior.
- A atividade denomina-se sumô *jo ken po*, uma vez que é uma adaptação de uma atividade popular de *jo ken po* seguindo esses mesmos preceitos.
- Há determinadas regras como não poder atravessar dois jogadores do mesmo time ao mesmo tempo e nem poder desferir socos e chutes.
- Ao ser testada, essa atividade propiciou algumas adaptações. O professor pode, por exemplo, permanecer no centro da quadra para autorizar o início do enfrentamento quando dois alunos se encontrarem. Isso se deve a, algumas vezes, os alunos utilizarem mais da velocidade adquirida com a corrida do que com as ações de agarre.
- Dessa forma, a figura do professor pode ser importante como pessoa que autorizará o início do contato entre os jogadores.

Observação: Deve-se ressaltar que é uma atividade dinâmica e que precisa ser compreendida completamente por todos os alunos, pois apresenta algumas características mais complexas de interação entre grupos. Ressalta-se ainda que, algumas vezes, é possível que a duração da atividade varie, já que o nível de igualdade das equipes pode ser semelhante, o que impede que uma equipe passe toda para o outro lado. O professor pode, nessa situação, determinar um tempo de realização da atividade, e, passado esse tempo (p. ex., 5 minutos), é possível contar quantas pessoas cada equipe conseguiu transferir para o outro lado do espaço. A Figura 12.11 ilustra um momento de realização da atividade.

Figura 12.11 Situação de jogo do sumô *jo ken po*.

Discussão

- Quais estratégias os grupos se basearam para buscar atingir o outro lado do campo?
- Que importância têm o dinamismo e a velocidade para o sucesso dessa atividade?
- É importante conversar com os alunos sobre as impressões deles acerca desse jogo, as características de luta envolvidas e a importância de ações de respeito e consideração aos outros que são necessárias.

Atividade 13: Lutando pela bola

Materiais

Bolas.

Desenvolvimento

- Em duplas, um de frente para o outro e sentados.
- Uma pessoa da dupla inicia a atividade segurando sua bola da maneira que achar conveniente e eficiente.
- O outro deverá, quando autorizado pelo professor, buscar retirar a bola do colega.
- Para isso ele não pode, de nenhuma maneira, encostar-se ao outro, muito menos realizar ações de toque, como socos e chutes.
- Não é possível também que as duplas fiquem em pé, apenas sentadas.
- As ações devem ter como alvo a bola, e não quem a segura.
- O objetivo da atividade é indireto uma vez que o enfrentamento que existe não tem um fim no outro e sim no implemento, ou seja, na tomada da posse da bola com os braços.
- Caso a posse da bola seja tomada, computa-se 1 ponto.
- Após decorrido algum tempo, troca-se as funções nas duplas, e quem estava atacando a posse da bola passa a segurá-la, e quem estava segurando-a passa a atacar.
- É possível que as duplas sejam trocadas ao longo da atividade.

Discussão

- É fácil tirar a bola da outra pessoa?
- Como não é possível encostar na pessoa, que ações podemos fazer para retirar o implemento do outro?
- Há o enfrentamento, mas de forma indireta, visando a tomada da posse do implemento. Como os alunos se sentiram nessa atividade?
- Qual a importância do respeito para a realização dessa atividade?

Atividade 14: Sumô ombro a ombro

Materiais

Nenhum.

Desenvolvimento

- Em duplas, um de lado para o outro e em pé.
- Os alunos devem realizar as mesmas ações características ao sumô, porém, com duas variações:
  - Somente os ombros deverão estar em contato, ilustrando outras formas de contato que buscam o desequilíbrio do outro.
  - Além disso, não é necessário um espaço determinado por um círculo, por exemplo. Busca-se apenas o desequilíbrio momentâneo do outro.
- As duplas podem ser trocadas visando a uma maior interação dos alunos.

Discussão

- Quais as semelhanças e diferenças entre esta atividade e o sumô convencional realizado anteriormente?
- Quais formas os alunos preferem? Por quê?
- É possível realizar o sumô com outras partes do corpo? Se sim, que tal experimentarmos?

Atividade 15: Luta do saci

Materiais

Nenhum.

Desenvolvimento

- Em duplas, um de frente para o outro, em pé.
- Os alunos devem segurar um nas mãos do outro e retirar um dos pés do chão, ficando com apenas um pé no chão.
- A partir disso, inicia-se o enfrentamento, visando a desequilibrar o outro.
- As duplas podem ser trocadas ao longo da atividade.

- A Figura 12.12 ilustra esta prática.

Figura 12.12 Luta do saci.

Discussão

- De todas as formas vivenciadas que simulam as ações de equilíbrio e desequilíbrio, quais são as mais interessantes?
- O nível de dificuldade sem um dos pés no chão é muito maior? Por quê?
- Quais as melhores estratégias para obter sucesso na atividade?
- É importante enfatizar o respeito às regras e aos outros em prol da melhor forma de realização da atividade.

Atividade 16: O círculo da invasão com implementos

Materiais

Implementos diversos como bolas de tênis, pequenos cones e até mesmo canetas ou outros materiais disponíveis.

Desenvolvimento

- Essa atividade é uma variação da atividade o círculo da invasão, mas agora com a utilização de implementos.
- Ou seja, não objetivará apenas chegar ao território protegido pelo outro grupo, mas sim tomar os implementos que estão nesse território.
- Para isso, os alunos deverão ser divididos em grupos de aproximadamente cinco pessoas.
- Dois grupos se enfrentam, sendo que ora um atacará e outro defenderá, ora as funções serão trocadas.
- O professor deverá desenhar alguns círculos com giz no espaço.

- Deve haver um círculo com o diâmetro maior e um com o diâmetro um pouco menor, conforme observado na Figura 12.13 (as medidas variam de acordo com o número de alunos).

Figura 12.13 O círculo da invasão com implementos.

- No círculo menor, devem estar dispostos alguns implementos diversos colocados aleatoriamente.
- O objetivo do grupo que está atacando é enfrentar o grupo que está defendendo até conseguir pegar um ou mais implemento(s).
- Por sua vez, o grupo que está defendendo deverá impedir, por meio das ações de agarre, que o grupo atacante pegue os implementos.
- Ressalta-se que, decorridos alguns minutos, as funções devem ser trocadas, ou seja, o grupo que estava atacando passa a defender, e vice-versa.

Discussão

- Quais as principais semelhanças e diferenças entre a atividade do círculo da invasão com e sem implementos?
- Qual das formas foi mais interessante? Por quê?
- É preciso buscar compreender que estratégias levaram os alunos a alcançarem o objetivo proposto, que é impedir a posse dos implementos – para quem está defendendo – e tomar a posse dos implementos – para quem está atacando.

Atividade 17: Rodízio de sumô

Materiais

Giz e corda para desenhar os círculos no espaço.

Desenvolvimento

- Antes do início da atividade, o professor deverá desenhar círculos pelo espaço, um ao lado do outro. Esta parte da atividade pode ser realizada inclusive com a ajuda dos alunos na configuração dos círculos.
- No entanto, os círculos deverão estar dispostos de maneira ordenada da seguinte forma: um círculo ao lado do outro, formando uma fileira com quatro círculos (primeira fileira). Abaixo dessa fileira, mais uma fileira de círculos com mais quatro círculos (segunda fileira). Finalmente, abaixo dessa fileira, mais uma fileira com mais quatro círculos (terceira fileira). Formam-se, então, 12 círculos colocados no espaço ordenadamente.
- Esses números podem ser variados de acordo com a quantidade de alunos, podendo haver mais ou menos círculos ao longo do espaço. Enfatiza-se apenas que é necessário haver um número par de círculos em cada fileira.
- A partir do desenho dos círculos, cada um deles deverá ser ocupado por dois alunos (em duplas).
- Ao sinal do professor, os alunos iniciam o enfrentamento nos moldes do sumô adaptado.
- O aluno vencedor permanece no círculo, enquanto o aluno que perdeu a atividade vai para o próximo círculo.
- Após a decisão sobre quem perdeu e quem ganhou nesse próximo círculo, o aluno que perdeu o enfrentamento no círculo anterior jogará com o aluno que ganhou o jogo neste próximo círculo.
- Ou seja, quem vencer permanece no espaço, quem perdeu encaminha-se para o próximo círculo, em uma espécie de rodízio, exemplificado na Figura 12.14.

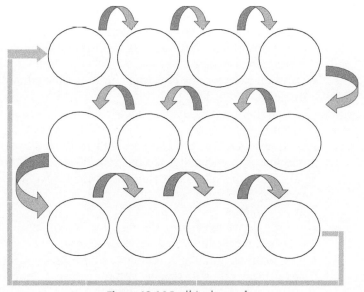

Figura 12.14 Rodízio de sumô.

- Destaca-se que o aluno perdedor do último círculo da terceira fileira deverá se encaminhar até o primeiro círculo da primeira fileira para dar prosseguimento na atividade.
- Ressalta-se que os números de círculos podem variar de acordo com o número de alunos, desde que seja possível manter uma sequência lógica.
- Antes do início da atividade, os alunos devem ter compreendido a lógica desse rodízio para não comprometer o andamento da atividade.

Discussão

- Essa atividade possibilita um enfrentamento maior por meio da adaptação de sumô com mais pessoas, já que as duplas trocam constantemente, havendo maior interação entre os alunos.
- O que os alunos acharam da atividade?
- Quais os pontos positivos?
- Quais os pontos negativos?
- Converse com os alunos e busquem outras estratégias de variação para as lutas da escola de curta distância.
- Quais os elementos presentes na atividade que caracterizam ações inesperadas de enfrentamento indireto?

Atividade 18: Campo minado

Materiais

Objetos diversos espalhados pela quadra como pequenos cones, bolas de diferentes tamanhos, garrafas *pet*, entre outros.

Desenvolvimento

- Antes do início da atividade o professor deverá espalhar pelo espaço diferentes objetos em uma das metades da quadra, justamente a que ficará com a equipe defensiva.
- Os alunos devem ser divididos em dois times, um de ataque e outro de defesa.
- O time de ataque deverá adquirir os implementos do outro lado da quadra.
- O time de defesa, por sua vez, será responsável pela defesa dos implementos, ou seja, eles são os "guardiões dos objetos".
- Ao sinal do professor o time de ataque deverá adquirir o máximo possível de objetos, enquanto o time de defesa deverá buscar proteger os objetos.
- O time de defesa não pode encostar nos objetos, apenas bloquear o espaço dos atacantes com ações de agarre.
- Os atacantes também *não* podem chutar ou socar os defensores, apenas utilizar ações de agarre, como puxar e empurrar, não sendo permitido golpear a cabeça do outro em hipótese alguma.

O ensino das lutas na escola **155**

- É possível estabelecer pontuações nos implementos da quadra.
- Por exemplo: implementos mais próximos da metade da quadra pode ter uma pontuação menor (p. ex., 5 pontos), ao passo que ao final da quadra pode haver um implemento maior (p. ex., garrafa *pet*) com a pontuação também maior (p. ex., 50 pontos). Tal fato se dá por conta da distância ser maior no final da quadra, e, consequentemente, o desafio para conquistá-lo ser também maior.
- Antes do início da atividade, os alunos da equipe de defesa deverão se reunir para montar estratégias para proteger os implementos, levando em consideração as diferentes pontuações possíveis, ou seja, implementos com a pontuação menor podem necessitar de menos pessoas os protegendo, ao passo que implementos com a pontuação maior podem necessitar de mais pessoas os protegendo.
- Depois de decorrido 1 minuto, trocam-se as funções e quem estava atacando passa a defender, enquanto quem estava defendendo passa a atacar.
- Comparam-se os pontos obtidos por ambas as equipes.
- Com relação à pontuação, é possível tornar a atividade mais cooperativa colocando uma estratégia como, por exemplo, ambas as equipes precisam somar, ao final, 300 pontos.

Discussão

- Quais são as estratégias criadas pelos grupos para atacar e defender?
- Como o grupo que estava atacando buscou pela aquisição dos implementos?
- E o grupo que estava defendendo, como buscou proteger estes materiais?
- E com relação à pontuação: houve preocupação em proteger mais os implementos com a pontuação maior? Por quê?
- Quais os elementos presentes na atividade que caracterizam ações inesperadas de enfrentamento indireto?
- A discussão pautada nessas questões favorece o desenvolvimento de ações de estratégia entre os alunos, bem como o respeito entre os grupos para a concretização da atividade.

Atividade 19: Campo minado – simultâneo

Materiais

Objetos diversos espalhados pela quadra, como pequenos cones, bolas de diferentes tamanhos, garrafas *pet*, entre outros.

Desenvolvimento

- A atividade segue a mesma lógica da anterior.
- Portanto, duas equipes, cada uma de um lado da quadra.

- No entanto, agora as ações defensivas e ofensivas serão realizadas de maneira simultânea, ou seja, ambas as equipes vão atacar e defender ao mesmo tempo.
- Para isso, em vez de haver implementos em apenas uma metade da quadra, agora os implementos serão espalhados por toda a extensão do espaço.
- Para melhor facilitar as ações, é possível diferenciar os implementos: por exemplo, o time 1 deverá pegar as bolas de tênis, o time 2, as bolinhas de borracha. Ou, então, substituir os implementos por prendedores de roupa de cores distintas entre as equipes, entre outras possibilidades.
- O importante é que haja, ao final de cada quadra, um balde (ou outro recipiente) para cada equipe (um de cada lado da quadra) para depósito dos implementos conforme são adquiridos.
- Nessa atividade não há a soma de pontos dos implementos, apenas a soma do número de implementos conquistados.
- Ou seja, ao sinal do professor, ambos os grupos deverão adquirir o máximo possível de implementos da outra equipe, espalhados pelo espaço da quadra adversária.
- No entanto, ao mesmo tempo, é preciso proteger seus próprios implementos.
- Dessa forma, as estratégias devem ser criadas visando a adquirir o número máximo de implementos, mas ao mesmo tempo proteger os implementos para que o outro time não os pegue.
- Valem apenas as ações de agarre como puxar e empurrar, não sendo permitidas ações de toque de nenhuma forma.
- Decorrido um tempo entre 1 ou 2 minutos, o professor interrompe a atividade e todos contam o número de implementos que cada equipe foi capaz de adquirir.
- A atividade pode ser realizada diversas vezes, visando a variar as ações possíveis entre as equipes.

Discussão

- Quais as semelhanças e as diferenças entre realizar a atividade do campo minado em grupo de maneira simultânea e não simultânea?
- Qual forma é mais fácil e qual é mais difícil? Por quê?
- Dessas formas de realização da atividade, qual se assemelha mais com as ações normalmente encontradas nas lutas?
- Quais os elementos presentes na atividade que caracterizam ações inesperadas de enfrentamento indireto?
- É possível discutir estas e outras questões com os alunos, enfocando a necessidade do respeito e do trabalho em equipe em prol da melhor forma de realização da atividade.

Atividade 20: Empurra-empurra

Materiais

Nenhum.

Desenvolvimento

- Em duplas, sentados, um de costas para o outro.
- Os alunos devem entrelaçar os braços, conforme ilustrado na Figura 12.15.

Figura 12.15 Empurra-empurra.

- Ao sinal do professor, os alunos devem buscar deslocar o colega, empurrando-o para trás. Aproximadamente 2 metros de onde cada um da dupla se encontra, deverá haver alguma marcação (feita com giz, fita crepe ou outro material) que será o objetivo para onde cada um deve deslocar o outro.
- Ou seja, cada um da dupla deve procurar deslocar o outro de costas até que a pessoa atinja a marcação estabelecida.
- Caso isso aconteça, o aluno que conseguiu marca 1 ponto e os alunos voltam novamente ao centro (que também deverá ter uma marcação) e reiniciam a atividade.
- Destaca-se que os pés têm função importante na atividade, servindo de alavanca para a realização do movimento.
- No entanto, não é permitido que os alunos fiquem em pé para realizar a ação de empurrar, devendo permanecer sentados e realizando o movimento na direção horizontal.
- As duplas podem ser variadas ao longo da atividade, para que os alunos experimentem realizar a ação de empurrar com diferentes pessoas.

Discussão

- Quais as semelhanças e as diferenças entre as ações realizadas de frente um para o outro e esta que é realizada de costas?

- Quais as principais dificuldades da atividade?
- A força é uma condição física importante para ganhar esse jogo? Por quê?
- E o respeito entre as duplas, qual sua importância na realização dessa atividade?
- Discuta e reflita com os alunos sobre estes e outros questionamentos possíveis, preferencialmente em roda, estimulando o debate.

Pesquisa

Professor, solicite aos alunos pesquisarem uma modalidade esportiva de luta conhecida que representa as mesmas orientações das ações de curta distância – agarre indireto, ou seja, que tenham no enfrentamento ao outro o meio para atingir a um outro determinado fim, como encostar as costas do outro no chão ou retirá-lo de um determinado espaço (exemplos de modalidades são sumô, judô, *wrestling*, entre outros).

Questões para debate

1) Por que a modalidade pesquisada pode ser considerada como sendo de curta distância – agarre indireto?
2) Quais as principais regras dessa modalidade?
3) Explique um exemplo de ação de agarre indireto dentro dessa modalidade.

13

Ações de média distância – toque (socos e chutes)

A partir de agora, passaremos a apresentar propostas de atividades de ações de média distância, que são aquelas que necessitam de maior distância entre os envolvidos em comparação com as lutas de curta distância. Primeiramente, apresentaremos as ações de média distância de toque direto, ou seja, aquelas que têm a finalidade de o golpe encostar na outra pessoa, por meio de ações de toque ou percussão.

As práticas de média distância são aquelas em que a distância entre os envolvidos é maior do que nas lutas de curta distância, porém, não há a presença de implementos que intermedeiam as ações motoras dos praticantes. A distância média permite a realização de uma série de ações motoras características de diversas modalidades de luta, tais como socos, chutes, entre outros.

É possível denominar as práticas de média distância também com a expressão *striking*, no entanto, há outras nomenclaturas utilizadas, como "trocação", "luta em pé", "socos e chutes", entre outras. A grande característica das modalidades de média distância é que as ações realizadas são relacionadas ao toque no corpo do outro praticante. Essas ações podem ser chutes, socos, joelhadas, cotoveladas, entre outras formas, de acordo com a modalidade, com o objetivo de tocar ou realizar uma ação de percussão no corpo de outrem.

Exemplos de modalidades de luta de média distância são: o boxe, o *muay thai* (boxe tailandês), o *kung fu* (parte de luta), o caratê (parte de luta), o boxe chinês, o contato total (*full contact*), o *krav maga*, o savate, entre muitas outras.

EXPECTATIVA DE APRENDIZAGEM

Os alunos devem saber até o final dessa unidade didática que as práticas imprevisíveis/inesperadas de média distância envolvem, sobretudo, elementos de toque (socos e chutes), de forma direta e indireta. Devem reconhecer quais as lutas que empregam essa lógica nas suas ações. Além disso, devem também praticar e vivenciar as práticas de toque (média distância) respeitando os colegas e repudiando qualquer forma de violência. Especificamente, devem discutir e refletir nas atividades sobre qual o papel atribuído ao homem e à mulher nas lutas na sociedade e qual deve ser o encaminhamento nas aulas.

AÇÕES INESPERADAS/ENFRENTAMENTO DIRETO: AÇÕES DE MÉDIA DISTÂNCIA – TOQUE DIRETO

Veremos a seguir propostas de atividades a partir das ações de média distância com toque direto, ou seja, em que a ação empreendida é dirigida ao outro. São diversas atividades que apresentam como possibilidade a compreensão das ações de média distância com toque direto. Vamos lá!

Atividade 1: Lutando pela fita

Materiais

Fitas (como as de *flag ball*) ou outros materiais, como papel crepom, TNT, entre outros, que possibilitam ser prendidos na cintura, mas que tenham, pelo menos, 40 ou 50 centímetros de comprimento, aproximadamente.

Desenvolvimento

- Em duplas, um de frente para o outro, em pé.
- Cada um deverá receber uma fita que deverá ser presa na cintura e que tenha a extensão aproximadamente até os joelhos.
- O objetivo de cada um da dupla será retirar a fita da cintura do colega, o que pode ser feito de diferentes modos, a partir das estratégias de ação criadas por cada um.
- Da mesma forma, é preciso buscar proteger sua própria fita para que o colega não consiga retirá-la.
- Não é permitido encostar no corpo da outra pessoa, apenas no implemento na linha da cintura.
- Para poder retirar a fita da cintura, é preciso uma ação de toque, simulando o encontrado em determinadas modalidades de luta.
- Cada vez que se consiga retirar a fita, computa-se 1 ponto.
- As duplas podem ser trocadas para maior interação entre as pessoas.

Discussão

- Quais as formas encontradas pelos alunos para que seja possível retirar a fita do colega sem deixar que ele retire sua própria fita?
- Quais as estratégias de ação criadas/utilizadas pelos alunos?
- Essas estratégias estavam dentro das regras permitidas no jogo ou não? Por quê?

- Deve-se enfatizar as questões ligadas ao respeito ao outro e às possibilidades apresentadas pelos alunos para a eficiência na realização da atividade.

Atividade 2: Toque combinado

Materiais

Nenhum.

Desenvolvimento

- Essa é uma atividade em grupo.
- Os alunos devem estar espalhados pela quadra ou outro espaço possível.
- O professor deverá expressar uma informação referente a alguma característica encontrada na turma. Por exemplo: o professor pode falar uma determinada cor (p. ex., cor da camiseta) uma determinada característica (p. ex., quem está de cabelo preso) ou outra forma que indique alguma consideração sobre um ou mais membros do grupo.
- A partir da informação dada pelo professor, os alunos devem buscar tocar nesta(s) pessoa(s) que apresenta(m) esta(s) característica(s). Por exemplo, se o professor falar "tênis vermelho", os alunos devem buscar encostar em alguém que está com um tênis vermelho.
- As ações permitidas são de toque, ou seja, *encostar* na característica sinalizada pelo professor (apenas o toque leve).
- Não é permitido desferir socos ou chutes e nem outros golpes intensos. Também não há a possibilidade de realizar ações de agarre, como puxar e empurrar, tendo em vista que esta é uma atividade de média distância.
- Ao aluno que possua a característica apresentada (como o tênis vermelho do exemplo anterior), resta buscar esquivar-se, tentando não ser pego pelos demais alunos.

Figura 13.1 Toque combinado.

- Essa atividade pode ser realizada como forma de aquecimento ou para encerrar alguma aula ou, ainda, para iniciar o processo de introdução das lutas de média distância.

Variação

- Em vez de tocar na pessoa com as características apresentadas pelo professor, os alunos podem estar com alguns prendedores e o objetivo da atividade passa a ser tirar os objetos dos companheiros que tiveram as características indicadas pelo professor (por exemplo, um tênis vermelho).

Discussão

- Que características dessa atividade nos permitem classificá-la como um jogo de luta?
- Qual a importância do respeito ao longo da atividade para que não ocorra nenhuma intercorrência negativa?
- É preciso enfatizar as questões ligadas à rápida tomada de decisão, à agilidade e à busca pelos objetivos e respeito aos companheiros de atividade.

Atividade 3: Boxe escolar

Objetivo

Praticar alguns golpes em dupla adaptados do boxe, estimulando a confiança e o respeito ao colega.

Materiais

Espuma com densidade resistente, cortada em retângulos de 17 centímetros por 15 centímetros, aproximadamente, com um furo próximo da parte superior (aproximadamente no meio da espuma) suficiente para transpassar o dedo médio. A Figura 13.2 ilustra o formato do material. Há outros materiais (por exemplo, esponja de lavar louça) que podem ser adaptados de acordo com as possibilidades de cada região.

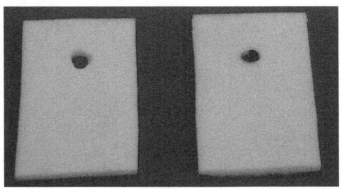

Figura 13.2 Possível material (feito de espuma) para o boxe escolar.

Desenvolvimento

- Em duplas, um de frente para o outro.
- Solicite que um dos alunos da dupla coloque as proteções de espuma nas palmas das mãos, entrelaçando-as no dedo médio de cada mão.
- O aluno que colocar a proteção deve permanecer com os braços na altura dos ombros e cotovelos semiflexionados, buscando aparar os toques desferidos pela outra pessoa.
- O aluno que for realizar os movimentos de soco deve permanecer com as pernas em base, uma de frente para a outra (conforme vimos na posição de base do boxe, no Cap. 10). Os punhos devem estar fechados e as mãos devem ser colocadas próximas ao rosto visando a proteger a cabeça.
- Ao sinal do professor, o aluno que for atacar deverá desferir toques, simulando socos muito fracos na espuma apoiada na palma da mão do colega.
- O objetivo não é mensurar força (também denominada de *punch* no boxe).
- Pelo contrário, objetiva-se introduzir algumas características de socos, com especial atenção aos aspectos técnicos de guarda elevada (a guarda, representada pelos braços, deve permanecer sempre alta, protegendo a cabeça) e forma correta de desferir o soco.
- As Figuras 13.3 e 13.4 apresentam possibilidades de atuação nessa atividade.

Figura 13.3 Preparação de soco no boxe escolar.

- É importante que o professor fique atento para que quem estiver atacando, assim como quem estiver defendendo, não se machuque com a atividade.
- Assim, o braço de quem receber os socos deve estar rígido, porém com os cotovelos semiflexionados, mesmo que os socos não sejam fortes.

Figura 13.4 Realização de um soco (*jab*) no boxe escolar.

- Por sua vez, mesmo dosando a força empregada, é importante que quem esteja atacando preocupe-se com a postura, a guarda e a base, características importantes tanto no boxe quanto em outras modalidades que apresentam ações semelhantes.
- Após um determinado tempo, que pode variar de acordo com os objetivos da aula, número de alunos e classe realizada, trocam-se as funções, e quem estava recebendo os socos passa a realizar os movimentos, e quem os estava realizando, passa a recebê-los utilizando a proteção da espuma.
- É possível ainda variar as duplas ao longo da atividade.

Observação: Essa é uma atividade que necessita de grande cooperação e diálogo entre as duplas. Um precisa estar em sintonia com o outro para não ocorrer nenhuma ação indesejada, como machucar ou mesmo realizar um golpe de forma incorreta ou não apropriada. É preciso enfatizar a questão da não necessidade de empregar força ao longo das ações de soco, e sim buscar compreender a importância de se aprender a realizar as ações de toque com os punhos fechados para a apreensão destas importantes técnicas.

Discussão

- Após a atividade, é possível reunir os alunos em roda e dialogar com eles sobre as principais impressões, as formas de realização, o diálogo entre as duplas e o respeito ao longo da atividade.
- Como os alunos se sentiram durante a atividade quando estavam atacando? E quando estavam recebendo os ataques?
- Quais os elementos presentes na atividade que caracterizam ações inesperadas de média distância?
- Qual a importância do diálogo entre as duplas para que a atividade ocorra da melhor forma possível?
- E o respeito entre as pessoas das duplas foi importante? Por quê?
- Essa atividade dá abertura para o professor especificar alguns conteúdos mais específicos sobre o boxe, por exemplo, caso ele considere viável e necessário.

Atividade 4: Pezinho

Materiais
Nenhum.

Desenvolvimento
- Em duplas, em pé, um de frente para o outro.
- O objetivo é que cada um deve tentar encostar nos pés do outro utilizando os próprios pés.
- Não é um movimento propriamente de chute, assemelhando-se mais com uma "pisada", realizada levemente na outra pessoa.
- Ao mesmo tempo em que se deve pisar no pé do colega, é preciso estar atento para que ele também não pise no seu.
- Depois de realizada em duplas, é possível deixar a atividade mais complexa com algumas variações: realizando a atividade em trios, depois em quartetos e até em grupos de cinco pessoas.

Figura 13.5 Pezinho.

Discussão
- Quais as características da atividade que correspondem às lutas da escola?
- Quem (ou o que) é o alvo na atividade?
- Quanto maior o número de pessoas participando mais complexa a atividade fica. Por quê?
- Para a realização da atividade é preciso atacar e defender ao mesmo tempo. Isso é difícil? Por quê?

Atividade 5: A meta é o outro!

Materiais

Nenhum.

Desenvolvimento

- Em duplas, em pé, um de frente para o outro.
- Nessa atividade o objetivo é encostar, tocar alguma parte do corpo da outra pessoa.
- Há duas possibilidades:
  - A possibilidade mais simples é quando apenas um busca tocar no corpo do outro que, por sua vez, deve apenas tentar defender-se dos ataques do colega. Depois, as funções são trocadas e quem estava atacando passa a defender, e vice-versa.
  - A segunda possibilidade é mais complexa e mais próxima das ações referentes às lutas da escola, pois ambos podem atacar e defender ao mesmo tempo.
- Os locais para encostar no outro serão estipulados pelo professor.
- Pode-se iniciar com os joelhos, por exemplo. Então, todas as ações devem ser voltadas para que se encoste no joelho da outra pessoa. Cada vez que isso acontecer marca-se 1 ponto.
- Depois, o professor pode variar os locais, passando para toques nos ombros, na cintura e até nas costas, por exemplo, dentre outras partes possíveis.
- Não se aconselha tocar a cabeça, pois pode haver acidentes.
- A duração pode variar de acordo com os objetivos estipulados pelo professor.

Figura 13.6 A meta é o outro!

O ensino das lutas na escola **167**

- É possível também solicitar que os alunos troquem de duplas, experimentando as ações com diversos colegas.
- Ressalta-se que a intenção é apenas tocar levemente o outro, não sendo permitido e nem necessário desferir socos fortes para se atingir o objetivo.

Variação

- Em vez de encostar no outro, é possível que cada um tenha alguns prendedores no corpo no local estipulado pelo professor (no joelho, por exemplo) e o objetivo passa a ser a retirada destes materiais do corpo do outro.

Discussão

- Solicite aos alunos que elenquem pelo menos três características que permitem que essa atividade seja caracterizada como uma luta.
- Por que razão esta atividade representa uma ação de toque direto? O que significa a expressão "toque direto"?
- Qual a importância do respeito e do diálogo entre as duplas para que a atividade ocorra de modo apropriado?

Atividade 6: Tirando o prendedor

Materiais

Diversos prendedores de roupa.

Desenvolvimento

- Em duplas, um de frente para o outro.
- Inicialmente, apenas um dos alunos coloca os prendedores ao longo do corpo.
- O número de prendedores pode variar de acordo com as possibilidades de aquisição desse material, porém, é interessante que haja pelo menos cinco prendedores para cada aluno. Se possível, até mais.
- Nesta primeira parte da atividade, o aluno que está com os prendedores deverá proteger-se enquanto o companheiro buscará retirar os prendedores.
- Depois as ações são trocadas e quem estava atacando passa a colocar os prendedores no seu próprio corpo e protegê-los, enquanto o outro busca pela aquisição dos implementos.
- Posteriormente, ambos devem colocar os prendedores pelo corpo, em diversas partes, como pernas, costas, barriga e braços.
- Nessa segunda parte, ambos vão se atacar e defender ao mesmo tempo, buscando adquirir o máximo possível de implementos do outro e protegendo seus próprios objetos.
- Decorridos alguns minutos, o professor interrompe a atividade, e os alunos contam quantos prendedores conseguiram pegar da outra pessoa.

Figura 13.7 Tirando o prendedor.

- As duplas podem ser trocadas para que haja maior interação entre as pessoas.

Discussão

- Por que essa atividade é considerada como sendo de toque direto?
- É preciso discutir com os alunos que os prendedores, neste caso, representam a outra pessoa, ou melhor, a extensão do corpo da outra pessoa. Por isso, representam o toque direto, uma vez que este é o objetivo final do jogo: adquirir os prendedores que representam a extensão do corpo do outro.
- Converse com os alunos para saber se eles gostaram ou não da atividade, os aspectos positivos e negativos e se eles teriam sugestões para melhorar a atividade.
- É preciso enfatizar também a busca pela cooperação e o respeito ao outro em prol da atividade.

Atividade 7: Em duplas com bexigas

Materiais

Bexigas de diversas cores.

Desenvolvimento

- Em duplas, em pé, um de frente para o outro.
- Deve-se, primeiramente, fornecer uma bexiga para cada dupla.
- Depois de cheias e amarradas, os alunos devem, ainda em duplas, realizar uma série de movimentos buscando acertar a bexiga, ora um, depois o outro.

- Na verdade, é necessário que apenas um realize os movimentos de chutes, enquanto o outro segura a bexiga com segurança.
- Depois, as funções são invertidas.
- Os chutes devem ser variados em diferentes alturas, começando por chutar a bexiga, estando bem baixa, depois um pouco mais alta e até que a bexiga esteja tão alta que a única forma de acertá-la será realizar um salto, ou seja, acertá-la estando em suspensão, um desafio maior e mais difícil.
- Independentemente da ação realizada, os alunos devem ser instruídos a não estourarem as bexigas.
- Eles devem apenas acertá-las por meio de toques leves que os auxiliem a visualizar esse objeto como um alvo a ser acertado, mas sem as estourar.
- Depois, as funções são trocadas, e quem estava chutando passa a segurar a bexiga para o outro, e vice-versa.

Discussão

- É importante enfatizar a questão do respeito ao companheiro.
- O alvo é a bexiga e, embora o outro a esteja segurando, não devemos acertá-lo, evitando algum acidente que possa machucá-lo.
- Além disso, os alunos devem ser perguntados se a bexiga, sendo um alvo, auxilia na realização dos chutes e quais chutes são mais difíceis e, consequentemente, mais desafiantes.
- É possível ainda buscar por modalidades que têm nos chutes suas características mais visíveis. Os alunos conhecem modalidades assim? Quais? Se não, eles podem pesquisar. Exemplos de modalidades são caratê, *taekwondo*, savate, *kick boxing*, entre outras.

Pesquisa

Professor, solicite aos alunos pesquisarem uma modalidade esportiva de luta conhecida que apresente as mesmas orientações das ações de média distância – toque direto, ou seja, que tenha, no enfrentamento ao outro, a sua finalidade, por meio de ações de toque com uma distância média entre os envolvidos: o outro é o fim da ação.

Questões para debate

1) Por que a modalidade pesquisada pode ser considerada como sendo de média distância – toque direto?
2) Quais as principais regras dessa modalidade?
3) Explique um exemplo de ação de toque direto dentro dessa modalidade.

Dica de filme
Quando éramos reis (When we were kings)

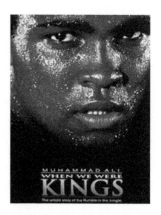

Este documentário relata a luta entre dois dos maiores lutadores de boxe da história: George Foreman e Cassius Clay Junior, mais conhecido como Muhammad Ali. A luta aconteceu em 1974, no Zaire, atual República Democrática do Congo. Além da luta de boxe, há demonstrações do treinamento dos lutadores, das provocações e de tudo que fez deste um dos maiores confrontos de boxe da história. Há ainda o contexto histórico da luta, passando pela própria atitude de lutar na África, o mundo durante a Guerra Fria e Muhammad Ali sem lutar há mais de três anos. Vale a pena assistir e analisar as atitudes dos lutadores e se deleitar com uma grande luta, protagonizada por dois gênios do esporte.

Questões para debate

1) O que você acha da grande confiança apresentada por Muhammad Ali antes da luta? Para você, estas são atitudes para provocar o adversário ou podem ser consideradas como desrespeito?
2) O que você achou da luta em si? E das estratégias usadas pelos dois atletas?
3) Muhammad Ali tem uma história bastante interessante de troca de nome. Além disso, ele lutou pela dignidade e respeito aos negros em uma época em que havia muito preconceito, uma das razões para a luta ser realizada na África. O que você acha dessa história?
4) Pesquise sobre a vida de Muhammad Ali e traga informações que mostrem o papel dele tanto dentro quanto fora dos ringues.

AÇÕES INESPERADAS/ENFRENTAMENTO DIRETO: AÇÕES DE MÉDIA DISTÂNCIA – TOQUE INDIRETO

Veremos, a seguir, propostas de atividades a partir das ações de média distância, mas agora de toque indireto. O que significa mesmo o toque indireto? Significa que há a realização de toques na outra pessoa, porém, o objetivo não se resume ao corpo do outro, portanto, estes toques são o meio para a efetivação de algum determinado fim, que pode ser exclusão de algum espaço, aquisição de alguma coisa, e assim por diante. Então, ao combate!

Atividade 8: Disputa em grupos

Materiais

Diversos prendedores de duas cores distintas.

Desenvolvimento

- Os alunos devem ser divididos em dois times.
- Cada time deverá ser representado por uma cor, as mesmas cores dos prendedores existentes.
- Por exemplo: time azul (prendedores azuis) e time vermelho (prendedores vermelhos). As cores podem variar de acordo com a possibilidade de aquisição dos materiais.
- Cada jogador deverá colocar entre dois e quatro prendedores na sua própria roupa, de acordo com o número de materiais disponíveis.
- Ao sinal do professor, os times vão se enfrentar.
- O objetivo de cada time será pegar o máximo possível de prendedores do outro, buscando ainda manter a posse dos prendedores do próprio time.
- O espaço para a realização da atividade deverá ser o da quadra (ou outro local disponível).
- Durante o enfrentamento no jogo, não é permitido empurrar, socar, chutar ou agarrar a outra pessoa.
- O contato será apenas por meio da aquisição dos prendedores presos nos outros.
- É possível apenas defender-se e atacar utilizando as mãos, buscando esquivar-se das investidas adversárias e adquirir os objetos dos outros.
- Decorridos alguns minutos, que variam de acordo com o número de participantes na brincadeira, o professor deve parar momentaneamente a atividade. Essa pausa servirá para três finalidades:
  - Descanso momentâneo dos alunos.
  - Organização em grupo de estratégias para o próximo enfrentamento.
  - Contagem de pontos, ou seja, quantos prendedores da equipe adversária cada grupo conseguiu pegar?
- A equipe que conseguiu mais prendedores soma 1 ponto no placar geral.
- Feito isso, a atividade se inicia novamente (os prendedores devem ser todos redistribuídos).
- Novamente há a pausa do professor e a recontagem dos pontos.
- Isso deve ser feito pelo menos três vezes para que seja possível visualizar qual equipe foi a vencedora.
- Durante a realização da atividade, caso um aluno não possua mais prendedores, mesmo assim pode ainda procurar adquirir os prendedores do outro time.

Figura 13.8 Disputa em grupos.

- Aconselha-se colocar os prendedores nos bolsos ou em pequenas sacolas plásticas fornecidas pelo professor e presas nos punhos para melhor mobilidade.
- Ainda, caso um prendedor seja encontrado no chão por algum aluno e este for do time adversário, pode-se pegá-lo para que auxilie na contagem dos pontos; caso seja do seu próprio time, também poderá pegá-lo, desde que prenda na sua vestimenta para que o outro time seja capaz de adquiri-lo.
- É possível repetir essa atividade mais de uma vez. Apenas a duração de cada *round* deve variar de acordo com o número de alunos, o espaço utilizado e a série na qual a atividade foi realizada.
- O professor deverá ter a sensibilidade de observar o andamento da atividade, mas permitir que ela seja dinâmica.

Discussão

- Essa atividade é considerada de toque indireto, porque, agora, os prendedores não "simulam" apenas o corpo da outra pessoa. Na verdade, o contato existente é um pretexto para a aquisição dos prendedores, o que contará pontos para a sua própria equipe. Por isso, esta é uma atividade de toque indireto.
- É preciso que essa explicação fique clara para os alunos, impedindo que eles confundam os objetivos de toque direto e toque indireto.
- Além disso, o trabalho em grupo e o desenvolvimento da coletividade devem ser um norte das discussões, as quais devem ter participação ativa dos alunos, que devem ser estimulados pelos professores para discutir estratégias, lógicas e questões de respeito da atividade.

Atividade 9: Mãe da luta

Materiais

Prendedores.

Desenvolvimento

- Divida os alunos em dois times, cada um com uma função distinta: um time será o de ataque e outro o de defesa.
- A lógica da atividade é a mesma encontrada na clássica atividade denominada "mãe da rua": a equipe de ataque deverá chegar ao outro lado da quadra (ou outro espaço apropriado), enquanto a equipe de defesa deverá impedir o avanço do outro time.
- A equipe de defesa deverá posicionar-se próxima ao centro da quadra, enquanto a equipe de ataque deverá se posicionar em uma lateral da quadra, fora do espaço.
- O time de ataque deverá criar estratégias para chegar ao outro lado sem ser pego pela equipe de defesa.
- Destaca-se que, se possível, é interessante colocar prendedores nos jogadores da equipe de ataque.
- Dessa forma, em vez de tocar na pessoa, os alunos da equipe de defesa deverão buscar retirar os prendedores dos alunos do time de ataque.
- Caso os defensores consigam pegar as pessoas do time de ataque (ou os prendedores, casos estes objetos sejam utilizados), os atacantes devem retornar ao seu espaço inicial.
- Uma variação possível é transformar os atacantes pegos em defensores para auxiliar a equipe defensiva na realização de sua função.
- Caso sejam utilizados prendedores, não será permitido o contato entre as pessoas, apenas no prendedor.
- Caso não sejam usados esses materiais, o contato deve ser apenas um leve toque no outro, tal qual é nas variações de pega-pega, por exemplo.
- Decorridos alguns minutos, o professor deverá parar a atividade e trocar as funções dos grupos e a equipe que estava defendendo passa a atacar e a equipe que estava atacando passa a defender.

Discussão

- Quais as variações dessa atividade em comparação com a clássica brincadeira denominada de "mãe da rua"?
- Por que podemos considerar essa atividade como sendo um jogo de luta?
- Por que o objetivo dessa atividade é de toque indireto e não direto?
- Ademais, é preciso estar atendo às questões de segurança e respeito entre os alunos na realização dessa atividade, ou seja, discutir sobre a tomada de decisão dos grupos a partir do respeito às regras estabelecidas é fundamental.

Atividade 10: De pernas para o ar

Materiais

Nenhum.

Desenvolvimento

- Em duplas, sentados, um de frente para o outro.
- O objetivo da atividade é buscar induzir o outro a colocar os pés no chão.
- Essa ação deve ser dada por meio da utilização dos pés, ou seja, um vai encostar nos pés do outro visando ao toque do calcanhar do outro no chão.
- Caso os alunos não consigam se manter na posição sentada, conforme ilustrada na Figura 13.9 (exige-se grande força nos membros inferiores e no abdome), eles podem colocar as mãos no chão, facilitando a realização do movimento.

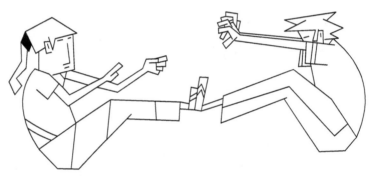

Figura 13.9 De pernas para o ar.

- Essa atividade costuma ser rápida, uma vez que há um certo desgaste físico, porém, auxilia os alunos na realização de toques de forma indireta, utilizando os membros inferiores, ou seja, os toques nos pés dos outros são o meio para o outro fim, que é encostar o calcanhar da outra pessoa no chão – objetivo maior da atividade.
- Não é permitido realizar chutes fortes visando a machucar a outra pessoa.
- Na verdade as ações não precisam ser realizadas com força e sim com rapidez e de forma constante.
- Cada vez que um aluno encosta o calcanhar no chão, computa-se 1 ponto para o outro aluno.
- As duplas podem ainda ser trocadas visando a uma maior interação dos alunos ao longo da realização da atividade.

Discussão

- Quais os aspectos mais desafiadores da atividade?
- Por que ela pode ser considerada como sendo de toque indireto e não direto?

O ensino das lutas na escola **175**

- Que partes do corpo são mais utilizadas nessa atividade?
- Essas questões devem permear a discussão com os alunos, enfatizando-se a necessidade de apresentar uma atitude de respeito e cooperação entre os alunos para a correta execução da atividade que, mesmo com determinado nível de competitividade, não deve acarretar nenhum tipo de mal estar como machucados ou lesões nos colegas.

Atividade 11: Pique bandeira da luta

Materiais

Prendedores e pequenas bolas ou cones ou outro implemento que possa ser deixado no final de cada quadra como objetivo de cada equipe.

Desenvolvimento

- A atividade segue os mesmos preceitos da atividade convencional do pique bandeira.
- Dois times com número igual de jogadores, cada um do seu lado da quadra.
- Ao final de cada quadra há um objeto (como uma pequena bola, um cone ou outro material) que deverá ser adquirido por cada equipe – cada uma devendo passar pelo lado da outra equipe para poder conquistar o objeto.
- Depois de conquistado, as equipes devem voltar a sua quadra tendo esse objeto em sua posse.
- Basicamente, estas são as regras básicas do pique bandeira.
- No entanto, no pique bandeira da luta, cada aluno possui entre dois e quatro prendedores presos na sua roupa.
- Cada equipe começa no seu lado da quadra (onde não podem ser pegos).
- Ao tentar passar pela quadra adversária, os oponentes da outra equipe podem buscar pegar os prendedores.
- Caso isso aconteça, o aluno deve voltar ao seu lado da quadra.
- No entanto, ao ir para a quadra adversária, o aluno pode também tentar adquirir prendedores das pessoas da outra equipe, porém, sem perder os seus, pois, como visto anteriormente, caso esses materiais seja perdidos, é necessário voltar ao lado inicial da quadra.
- Caso o aluno que estiver atacando consiga adquirir os prendedores de pessoas do outro time, pode colocar nas suas vestimentas, ou seja, ele terá mais oportunidades de atacar a equipe adversária.
- Exemplo: um aluno de uma equipe possui dois prendedores inicialmente. Ele vai até a quadra adversária, conquista mais três prendedores, porém, antes de chegar ao final da quadra, alguém retira um prendedor seu. Dessa forma, ele voltará para o seu lado da quadra com quatro prendedores (2+3-1). Ou seja, ainda terá mais quatro possibilidades de ir à quadra adversária buscar o implemento que está do outro lado.
- Caso o aluno realize a ação de ir à quadra adversária até ficar sem prendedores, não poderá mais atacar, apenas defender na sua própria quadra.

- No entanto, se ele conseguir adquirir prendedores de pessoas da equipe adversária, enquanto está defendendo em seu próprio lado da quadra, pode colocar os objetos no seu corpo e tentar atacar na quadra adversária.
- Ou seja, só pode ir para a quadra adversária quem tem prendedores pendurados em sua indumentária.
- Dessa forma, há uma constante troca de prendedores ao longo da realização das ações.
- No entanto, o objetivo final continua sendo o mesmo do pique bandeira tradicional: chegar ao final da quadra adversária – onde não pode ser pego por ninguém do outro time –, pegar o objeto e voltar ao seu próprio lado da quadra, sem perder nenhum objeto.
- Ao conquistar esse objeto, somam-se 100 pontos. Cada prendedor conquistado representa também 1 ponto no qual o professor deverá junto com os alunos fazer a contagem ao final da atividade.

Observação: Pode haver um certo tempo até que os alunos compreendam a lógica da utilização de prendedores. O professor deverá estar atento para que os alunos possam realizar as ações tendo entendido a lógica do jogo. Posteriormente, a atividade costuma desenrolar-se sem problemas. Nas intervenções referentes à atividade, ela costumou ser bastante aceita pelos alunos, sobretudo se eles já tiveram vivências com o pique bandeira tradicional.

Discussão

- Solicite aos alunos que comparem o pique bandeira da luta com a atividade tradicional, traçando as principais diferenças e similaridades entre elas.
- Como é se relacionar em grupo ao longo de um jogo de luta? Qual a importância do diálogo com a própria equipe para se obter sucesso na atividade? E como esse diálogo deve ser feito para que o outro time não o compreenda?
- Ainda, é possível pedir aos alunos que discutam os motivos de considerarmos esta atividade como sendo de toque indireto.

Atividade 12: Toque nas alturas

Materiais

Cordas.

Desenvolvimento

- Inicialmente, os alunos devem formar duplas.
- No entanto, para a realização da atividade, é necessário que duas duplas se juntem, formando assim, quartetos.
- Duas pessoas devem segurar a corda em uma altura que seja boa para ambos os alunos que vão participar da atividade.
- Enquanto isso, dois alunos deverão se enfrentar cada um de um lado da corda.

- Antes do início do enfrentamento, deverá ser colocada uma pequena corda ou outro material (elástico, fita crepe ou outros), marcando uma distância de aproximadamente 30 centímetros do ponto onde está sendo segurada a corda.
- O objetivo de cada aluno será saltar e encostar as palmas das mãos nas palmas das mãos do outro buscando desequilibrá-lo.
- Computa-se 1 ponto a cada iniciativa de toque que possibilite ao outro pisar fora da marcação estabelecida.
- Da mesma forma, não se deve pisar para fora do espaço estabelecido para não fornecer o ponto ao outro.

Figura 13.10 Toque nas alturas.

- Após alguns minutos de vivência, trocam-se as duplas, ou seja, quem estava participando da atividade passa a segurar a corda, e quem estava segurando a corda passa a realizar a atividade.
- As duplas podem ser trocadas tanto entre os quartetos quando entre os demais alunos da turma.

Discussão

- Essa é uma atividade realiza em suspensão, ou seja, no momento do toque, os pés não podem estar em contato com o chão. Quais os principais aspectos desafiadores dessa atividade?
- Por que ela pode ser considerada como uma atividade de toque indireto?
- Qual o objetivo da atividade?
- Que outras variações são possíveis nessa atividade?
- Discuta com os alunos a respeito das diferenças de altura e força que podem influenciar a realização da atividade, buscando sempre o respeito e a valorização das individualidades dos alunos.

Atividade 12: Debate – Qual o gênero das lutas?

Materiais

Nenhum.

Desenvolvimento

- Dividir os alunos em dois grupos: um grupo será favorável à participação das mulheres nas lutas, enquanto o outro será contrário.
- O primeiro grupo deverá buscar subsídios que compreendam que as lutas são práticas femininas tanto quanto masculinas, pesquisando por referenciais que deem suporte aos argumentos.
- O segundo grupo deverá argumentar em prol da discriminação das mulheres nas lutas, buscando valorizar que essas práticas sejam destinadas somente para os homens.
- A argumentação deverá ocorrer em formato de um júri simulado no qual três alunos deverão ser os juízes, ou seja, julgarão as argumentações de ambas as partes.
- Cada arguição será realizada em formato de exposição inicial, réplica e tréplica.
- O tempo para cada uma dessas etapas deverá ser organizado coletivamente com os alunos.
- Ao final, o júri dará seu parecer em prol do grupo que apresentou as argumentações mais consistentes.

Discussão

- Por que ainda há tanto preconceito com relação à prática de lutas por mulheres?
- Que características as lutas apresentam que são diferentes do que se entende como uma prática "feminina"?
- É possível que as mulheres também lutem?
- Até que ponto o preconceito em relação à participação das mulheres na luta não foi uma questão construída culturalmente?
- É possível transformar tal visão preconceituosa? O que devemos fazer para isso?

Pesquisa

Professor, solicite aos alunos pesquisarem uma modalidade esportiva de luta conhecida que representa as mesmas orientações das ações de média distância – toque indireto, ou seja, tem no enfrentamento ao outro por meio de ações de toque com uma distância média entre os envolvidos o meio para a realização de outras ações.

Destaca-se que não necessariamente existem modalidades exclusivamente de toque direto ou toque indireto. Na verdade, em uma mesma modalidade pode haver ambas as intenções. Quando o objetivo é encostar no outro para adquirir pontos, o toque é direto; quando o objetivo é encostar no outro para realizar um nocaute, ou seja, derrubar a outra pessoa, o toque é indireto. Exemplos de ações nessa perspectiva são o nocaute no boxe, no caratê, no *taekwondo*, entre outros.

Questões para debate

1) Por que a modalidade pesquisada pode ser considerada como sendo de média distância – toque indireto? Nesta modalidade há também ações de toque direto? Quais? Como diferenciar essas ações?
2) Quais as principais regras dessa modalidade?
3) Explique um exemplo de ação de toque indireto dentro dessa modalidade.

Dica de filme
Menina de Ouro (Million Dollar Baby)

Este filme apresenta uma série de possibilidades de discussão. Algumas das mais evidentes são as reflexões sobre a questão de gênero: uma mulher, já mais velha do que o comum no boxe, pretende se tornar uma grande campeã. Para isso, ela sofre muito preconceito até conquistar a confiança e o apoio de seu técnico. Com muita força de vontade e capacidade de superação, ela busca construir uma carreira vitoriosa dentro e fora dos ringues. Contudo, a vida apresenta inúmeros desafios, alguns dos quais são difíceis de serem superados. É um drama que apresenta uma série de discussões, inclusive sobre o valor da vida – e da morte – em nossa sociedade.

Questões para debate

1) Mulher pode/deve lutar? Por quê?
2) Quais os preconceitos sofridos pela atleta ao longo de sua carreira?
3) Qual a importância da determinação e da força de vontade para que possamos conquistar nossos sonhos?
4) O filme apresenta inúmeras possibilidades de discussão. Enfatizando-se a questão de gênero, é fundamental contextualizar que o preconceito em relação às mulheres nas práticas de luta foram construídos sócio-historicamente e devem ser superados em prol de uma sociedade mais democrática.

14

Ações de longa distância – toque intermediado por implementos

Observamos, até o presente momento, propostas de atividades tanto de curta como de média distância. Passamos então, a partir de agora, a apresentar propostas de atividades de práticas de longa distância, ou seja, intermediadas por implementos. Inicialmente, apresentaremos práticas de longa distância com toque direto, ou seja, tem-se como finalidade a ação encostar o implemento na outra pessoa. É esse o foco da ação.

As práticas de longa distância apresentam algumas características similares às de média distância, uma vez que o objetivo é tocar ou percutir, de alguma forma, o corpo da outra pessoa. No entanto, nas práticas de longa distância, essas ações de toque são intermediadas por implementos.

A utilização de implementos possibilita às ações de longa distância características peculiares, ou seja, a distância entre os envolvidos precisa ser, de forma geral, maior do que nas práticas de média distância, por exemplo, para haver um processo de eficácia maior na utilização dessas ferramentas.

Historicamente, a utilização de implementos e os diversos objetos diferentes foram sendo apropriados de variadas formas por diversas modalidades, objetivando promover um processo de eficácia e eficiência das ações motoras dessas práticas. Ademais, o controle dos implementos e sua intermediação durante a realização das ações motoras, além de ser um importante atrativo nestas práticas, permite uma variedade de ações técnicas e táticas de controle do próprio implemento e do outro envolvido, promovendo ações diversificadas.

Há uma série de exemplos de lutas que se utilizam de implementos para determinadas ações. A esgrima, por exemplo, é, talvez, uma das práticas mais conhecidas de luta de longa distância. Contudo, não existe só essa prática. Há ainda outras como o *kendo* e o *kempo*, por exemplo, que também se utilizam de implementos. Não podemos esquecer que outras modalidades, como o *kung fu*, também emprega implementos em determinados momentos.

EXPECTATIVA DE APRENDIZAGEM

Os alunos devem entender até o final dessa unidade didática que as práticas imprevisíveis/inesperadas de longa distância envolvem implementos. Além disso, devem reconhecer quais as lutas que empregam essa lógica nas suas ações. Os alunos devem também praticar e vivenciar as atividades de longa distância buscando respeitar os colegas, repudiando qualquer forma de violência.

AÇÕES INESPERADAS/ENFRENTAMENTO DIRETO: AÇÕES DE LONGA DISTÂNCIA – TOQUE DIRETO

Veremos, a seguir, propostas de atividades a partir das ações de longa distância com toque direto, ou seja, que tem no outro o objetivo da ação empreendida. Nessas atividades, por meio da utilização de implementos, nosso objetivo compreender a intencionalidade centrada no outro. Vamos ao combate!

Atividade 1: Lutas de espadas

Materiais

Há, na verdade, inúmeros materiais que podem ser utilizados como jornais, espumas de diversas densidades e tamanhos, isopor, garrafas *pet* para confecção da empunhadura, entre muitos outros. Na Figura 14.1, seguem alguns materiais possíveis na confecção dos implementos.

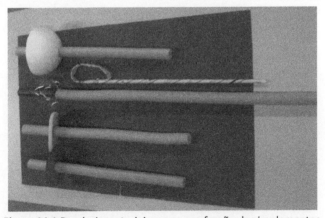

Figura 14.1 Possíveis materiais para a confecção dos implementos.

Desenvolvimento

- Trata-se de uma série de vivências que apresentam o mesmo objetivo: em duplas, um de frente para o outro, com algum dos implementos possíveis, deve-se tocar, com os materiais, na outra pessoa sem que ela encoste em você.

- Essa dinâmica é primordial para a compreensão do jogo de luta de longa distância cujo objetivo seja direto.

Variações

- Em duplas, um de frente para o outro, com implementos feitos de jornal, conforme ilustrado na figura a seguir, objetivando-se tocar na outra pessoa sem que ela toque em você. Para cada toque, efetua-se 1 ponto. As duplas podem ser trocadas.

Figura 14.2 Luta de espadas com implementos de jornal.

- Em duplas, com implementos feitos de espuma. Há diversos materiais e densidades possíveis, alguns mais maleáveis que os outros. Embora os materiais maleáveis sejam interessantes, pois dificilmente permitem alguma lesão, também dificultam a realização dos movimentos. Nas utilizações em aula, foi interessante colocar uma folha de jornal no meio dos materiais para facilitar a execução dos movimentos sem deixá-los rígidos demais. Objetiva-se novamente encostar o implemento no outro.

Figura 14.3 Realização de ataque com implemento de espuma.

- Em duplas, agachados, como na luta de galo, mas com implemento. Objetiva-se tocar o implemento no outro, porém, em um outro plano, o medial. Para cada contato, computa-se 1 ponto.
- Em duplas, espaço delimitado. O professor pode delimitar um espaço, geralmente mais estreito e comprido para a realização das ações de toque direto com implemento, facilitando o caminhar, com ações menos circulares e mais vetoriais (andar para frente e para trás).
- Em duplas, com árbitros. Os implementos costumam ser bastante estimulantes aos alunos. Nas atividades com implementos, algumas vezes, implementou-se a estratégia de, em vez de realizar a atividade em duplas, ser em trios. Dessa forma, enquanto dois realizam a brincadeira, um aluno representa a figura de árbitro, iniciando o jogo e o interrompendo, além de computar os pontos.
- Em duplas, com giz. Dependendo do material utilizado, há uma abertura na ponta, possível de colocar um pedaço de giz, que servirá como marcação para os pontos. Destaca-se que isso pode sujar a roupa, sendo necessário utilizar uma vestimenta mais velha ou, então, uma folha de jornal ou saco plástico de proteção.

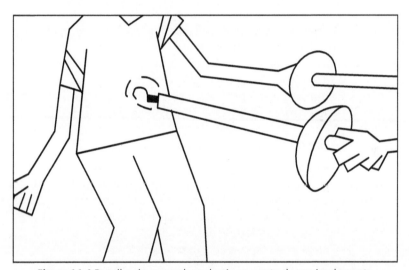

Figura 14.4 Detalhe de um pedaço de giz na ponta de um implemento.

Observações: Durante os processos de implementação nas escolas, as atividades de lutas da escola de longa distância motivaram e mobilizaram muito os alunos, tendo em vista que os implementos são importantes atrativos que costumam despertar o interesse deles. Isso pode ser um aliado nas aulas, mas é preciso ter cuidado para não haver nenhum acidente. Entre todas as formas de toque, não se aconselha utilizar nenhum que seja na cabeça. O ideal é que os toques sejam na linha da cintura e braços. É preciso prestar atenção ainda na densidade do material para não machucar os colegas e nem se machucar.

Discussão

- É importante questionar os alunos sobre as principais semelhanças e diferenças entre as ações de curta, média e longa distância. Quais as principais características das ações de longa distância?
- Que outros implementos são possíveis?
- Como efetuar outras formas de toque direto utilizando implementos?
- Há ainda uma série de discussões a respeito da importância de se utilizar os implementos para a compreensão mais ampliada das lutas da escola, bem como a necessidade de haver uma postura de organização e respeito para que as atividades de longa distância possam ser bem aproveitadas e possibilitem a aprendizagem de conteúdos significativos nas três dimensões dos conteúdos.

Pesquisa: A esgrima

- Que esporte é este?
- Onde surgiu?
- Como se tornou olímpico?
- Quais são as principais características das três formas de realização da esgrima: espada, sabre e florete?
- Por que podemos caracterizar a esgrima como uma prática de longa distância e de toque direto?
- Qual é o objetivo da esgrima, o alvo e a forma de pontuação?
- Para responder a essas questões, os alunos devem realizar, em grupo, uma pesquisa em livros, apostilas e materiais da internet sobre as características básicas da esgrima e apresentar para a turma.

Pesquisa: Para além da esgrima

Além da esgrima, existem outras modalidades de luta conhecidas que representam as mesmas orientações das ações de longa distância – toque direto, ou seja, tem no enfrentamento ao outro com implementos o objetivo da ação, ou seja, o outro é a finalidade da ação desenvolvida.

- Quais modalidades são essas?
- Pesquise e responda as questões a seguir.

Questões para debate

1) Por que a modalidade pesquisada pode ser considerada como sendo de longa distância – toque direto?
2) Quais as principais regras dessa modalidade?
3) Explique um exemplo de ação de toque direto dentro dessa modalidade.

Dica de filme
O Último Samurai (The Last Samurai)

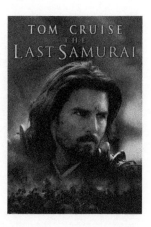

Este filme, protagonizado por Tom Cruise, retrata a história do capitão Nathan Algren, um conceituado militar norte-americano. Enviado ao Japão, sua missão é treinar as tropas do imperador Meiji para que elas possam eliminar os últimos samurais que ainda vivem na região. Porém, após ser capturado pelo inimigo, o capitão Algren aprende com Katsumoto, um dos samurais, o código de honra deles e passa a ficar em dúvida sobre que lado apoiar.

Questões para debate

1) Qual o tema do filme? O que ele retrata?
2) Quais as modalidades de luta que aparecem nesse filme? Você consegue distinguir quais modalidades de luta de longa distância são apresentadas no filme?
3) Os samurais foram profundos conhecedores de uma série de artes marciais. Pesquise um pouco mais sobre a vida e a história deles e traga para discutir com os outros alunos.

AÇÕES INESPERADAS/ENFRENTAMENTO DIRETO: AÇÕES DE LONGA DISTÂNCIA – TOQUE INDIRETO INTERMEDIADO POR IMPLEMENTOS

Apresentamos anteriormente propostas de jogos de ações de longa distância que tiveram como finalidade encostar no outro, ou seja, longa distância e toque direto. A partir de agora, veremos algumas propostas de atividades de ações de longa distância, ou seja, intermediadas por implementos, mas de toque indireto, ou seja, por meio do toque do implemento no corpo da outra pessoa, objetiva-se realizar outro determinado fim. Então, vamos lá!

Atividade 2: Combate na ponte

Materiais

Espadas adaptadas feitas de diferentes materiais (p. ex., macarrão de piscina) e um banco sueco, uma mureta, uma viga apoiada por tijolos, ou outro material que possa elevar um pouco a altura para realizar a atividade. A altura, no entanto, não deve ser muito elevada, procurando evitar acidentes. As espadas, por sua vez, não podem ser extremamente flexíveis a ponto de não permitir o desequilíbrio do outro, nem muito rígidas a ponto de possibilitar que os alunos se machuquem.

Desenvolvimento

- Em duplas, um de frente para o outro; cada um com um implemento.
- Se possível, é permitido utilizar dois implementos por pessoa, um em cada mão.
- Os alunos deverão ser colocados em cima de um banco sueco ou outro local que permita que a altura seja diferente da altura do chão, como um banco de madeira, parte de uma arquibancada, entre outros.
- Caso nenhuma dessas opções seja possível, há uma forma de adaptação: colocar os alunos em cima das linhas da quadra com apenas uma das pernas apoiadas (como na luta do saci), ou seja, se pisarem para fora da linha ou colocarem o outro pé no chão há o desequilíbrio.
- O objetivo de cada um será derrubar/desequilibrar o outro, desferindo golpes com os implementos.
- Vale destacar que não são permitidos golpes na cabeça, apenas na extensão do tronco e dos braços.
- As Figuras 14.5 e 14.6 ilustram possíveis situações dessa atividade.
- Para efeito de segurança, caso seja viável, é possível providenciar óculos de proteção para manter a segurança dos alunos; no entanto, esta é apenas uma indicação opcional, não sendo determinante para o andamento da atividade.

Figura 14.5 Combate na ponte.

Figura 14.6 Combate na ponte.

Figura 14.7 Detalhe na utilização de óculos de proteção (opcional).

- Cada vez que uma pessoa da dupla colocar o pé no chão ou se desequilibrar, computa-se 1 ponto para a outra pessoa.
- A atividade deve se desenvolver por um determinado período de acordo com a organização do professor.
- As duplas podem ser trocadas ao longo da atividade visando a uma maior interação entre as pessoas.

Discussão

- É fundamental atentar para questões de segurança nessa atividade, além do respeito necessário entre os participantes.
- Discuta com os alunos porque esta é uma atividade de longa distância de toque indireto.
- Quais as semelhanças e as diferenças entre as atividades de longa distância de toque direto vivenciadas anteriormente?
- Por que o respeito às regras e ao outro é tão fundamental nessa atividade?
- Essas perguntas devem ser problematizadas com os alunos, visando à participação ativa deles nas discussões.

Atividade 3: Perdendo o espaço

Materiais

Espadas adaptadas feitas de diferentes materiais (p. ex., macarrão de piscina) que não podem ser nem tão maleáveis a ponto de não possibilitarem o contato, nem tão rígidas a ponto de poder causar algum tipo de dano ao outro. Além disso, é necessário um arco por pessoa, ou então giz e corda para desenhar os círculos (do tamanho de um arco aproximadamente) no chão.

Desenvolvimento

- Em duplas, um de frente ao outro, empunhando um implemento e dentro de um arco ou espaço circular delimitado pelo giz desenhado no chão.
- A distância entre os círculos deverá ser menor do que o tamanho do implemento para que seja possível haver o contato entre os alunos.
- O objetivo de cada um será, por meio de ações de toque com o implemento na outra pessoa, buscar retirá-la do espaço circular correspondente.

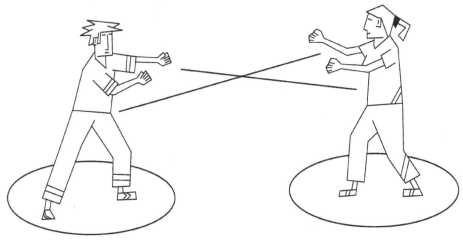

Figura 14.8 Perdendo o espaço.

- Não são permitidas ações de toque no rosto da outra pessoa.
- Além disso, os alunos podem movimentar-se, desde que não pisem fora de seus círculos.
- Não é permitido também chutar o arco, caso a atividade seja desenvolvida com estes materiais.
- Cada vez que um aluno pisar para forá do círculo, 1 ponto será computado para o outro aluno.
- As duplas podem ser trocadas visando à maior interação entre os alunos.

Discussão

- Discuta com os alunos a respeito da lógica da brincadeira e quais estratégias devem ser criadas para desequilibrar o outro sem que se perca o equilíbrio.
- Por quais motivos esta é uma atividade de toque indireto?
- Assegure-se que esses conceitos estejam claros para os alunos, bem como o respeito e a ética em relação aos outros para a concretização dessa atividade.

Pesquisa

- Será que existem modalidades de longa distância de toque indireto? Se sim, quais? Se não, que tal criar uma modalidade?
- Os alunos, em grupos, podem ser estimulados a elaborar uma modalidade com os mesmos preceitos da lógica interna das práticas de longa distância de toque indireto.
- É possível realizar uma pesquisa, discussões em grupos e com o professor e, ao final, apresentar a modalidade criada para todos os outros alunos, explicando os objetivos, as questões de segurança e as discussões que podem ser criadas a partir das vivências.
- O professor deverá avaliar a criatividade dos alunos, a compreensão acerca da lógica interna estabelecida e a forma de apresentação dos alunos.

15

Ações mistas –
agarre/toque (socos e chutes)

Se existem as ações referentes às práticas de curta, média e longa distância, que ações apresentam as práticas mistas? Como o próprio nome indica, as ações mistas são a mistura de duas ou mais distâncias em práticas que apresentam lógicas combinadas de ações. É possível misturar ações de curta com média distância, ações de média com longa distância ou ainda ações de curta com longa distância. Por serem mistas, elas mesclam ações de agarre juntamente com ações de toque. Não faremos distinção se essas ações realizadas com fins diretos ou indiretos. Vejamos, a seguir, alguns exemplos de atividades que apresentam lógicas de ações mistas.

A forma mais comum de ações de distância mista são aquelas oriundas da combinação das distâncias curta e média. Essa combinação pode ser encontrada em uma modalidade que tem crescido muito ao longo dos últimos anos, tornando-se uma prática cada vez mais popular em nossa sociedade: o MMA, da sigla em inglês *Mixed Martial Arts,* podendo ser traduzido como Artes Marciais Mistas ou Mistura de Artes Marciais.

A principal característica das ações de distância mista é justamente a combinação de diferentes distâncias, o que decorre em modificações estruturais das ações técnicas e táticas, uma vez que é preciso considerar um maior grau de complexidade em cada ação motora. Isso se deve ao fato da ampliação das possibilidades, ou seja, é possível realizar ações de toque e agarre em diversos momentos, podendo estas serem combinadas entre si, proporcionando formas de enfrentamento mais complexas.

Há algumas formas de demonstração, sobretudo, com algumas defesas pessoais, que ilustram práticas de distância mista, como uma defesa pessoal de um agressor com um pedaço de pau, por exemplo, prática que mistura a distância longa e média, ou longa e curta (dependendo da forma de defesa empregada).

É importante que os alunos conheçam, vivenciem e adquiram uma postura mais crítica com relação a essa forma de mistura das distâncias das lutas da escola. Isso se deve à importância crescente que algumas modalidades com distância mista têm assumido em nossa sociedade.

EXPECTATIVA DE APRENDIZAGEM

Os alunos devem saber, até o final dessa unidade didática, que as práticas imprevisíveis/inesperadas de distância mista envolvem elementos de agarres e toque (socos e chutes). Devem reconhecer o MMA como a luta que emprega essa lógica nas suas ações e também refletir sobre a presença deste na sociedade.

Atividade 1: Pique bandeira misto

Materiais

Pequenas bolas ou outros materiais para deixar ao final de cada lado da quadra como objeto a ser adquirido pelos grupos (não podem ser muito grandes).

Desenvolvimento

- A atividade segue a mesma lógica do pique bandeira convencional.
- Portanto, serão duas equipes, cada uma postada em uma metade da quadra.
- O objetivo de cada time será atravessar a quadra adversária, chegar até o final dela, adquirir o objeto que lá se encontra e levá-lo em direção ao seu próprio lado do espaço, isso tudo sem ser pego.
- Para realizar esse objetivo, serão permitidos dois tipos de ação: tocar e agarrar, cada um em uma determinada região da quadra.
- A ação de toque deverá ser realizada buscando pegar, como no pega-pega, a pessoa que avançar pela quadra adversária. Assim que ela for tocada deverá retornar ao seu lado do campo.
- A ação de agarre será permitida apenas na região de fora da quadra, exemplificada na Figura 15.1 como a região que se encontra pontilhada.

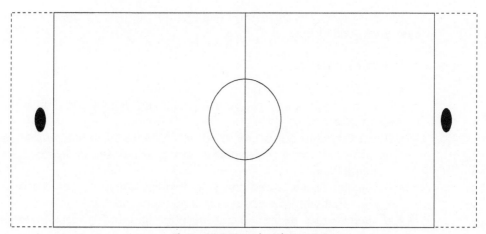

Figura 15.1 Pique bandeira misto.

- Destaca-se que a ação de toque permitida na quadra adversária será apenas o encostar no outro, como no pega-pega convencional.
- Quando um aluno do outro time chegar à área pontilhada, próxima ao implemento, não poderá mais ser tocado por ninguém do outro time.
- No entanto, uma pessoa do outro time – e apenas uma – poderá tentar impedi-lo de chegar ao implemento, por meio de ações de agarre, empurrando-o e/ou puxando-o.
- Caso o aluno consiga pegar o implemento, não poderá mais ser empurrado.
- Caso esse mesmo aluno pise para fora da área pontilhada, deverá retornar ao seu lado do campo.
- Dessa forma, misturam-se duas formas de ação: toque e agarre, cada qual em seu determinado espaço.
- Ganha o jogo a equipe que conseguir levar o implemento ao seu próprio campo, sem com isso sofrer ações de toque ou agarre que impossibilite a execução desse objetivo.

Discussão

- Essa atividade é mais complexa do que as atividades de pique bandeira tradicionais? Se sim, por quê? Se não, quais as razões para isso?
- Foi possível vivenciar ações de agarre e de toque ao longo da atividade? Em quais momentos?
- É possível realizar adaptações na atividade? Se sim, quais?
- Caso haja alterações na atividade, vivenciar as novas formas de realização de jogo de luta misto.

Atividade 2: Me dá a sua espada

Materiais

Espadas originadas de materiais adaptados (os mesmos ilustrados anteriormente) e prendedores.

Desenvolvimento

- Em duplas, em pé, um de frente para o outro.
- Um dos alunos da dupla deverá portar um implemento enquanto o outro, não.
- Quem está com o implemento deverá também ter alguns prendedores presos ao corpo (entre dois e cinco prendedores, de acordo com a disponibilidade).
- O objetivo de quem está com o implemento será tocar no outro com a ponta do material e não ter nenhum prendedor retirado.
- Já quem está sem implemento deverá, além de fugir das investidas do companheiro, buscar retirar os prendedores da outra pessoa.

O ensino das lutas na escola **193**

- Quem conseguir alcançar o objetivo proposto ganha 1 ponto, e a disputa reinicia.
- Decorridos alguns instantes, o professor solicita que os alunos troquem de funções, ou seja, quem estava atacando com o implemento passa a buscar retirar os prendedores do outro, e quem estava sem o implemento, passa a portá-lo para tocar no outro.
- As duplas podem ser variadas entre os alunos da turma visando a uma maior interação.

Discussão

- Qual a tarefa mais desafiadora da atividade: retirar os prendedores ou tocar com o outro com a espada?
- Essas ações representam formas de toque, porém, uma é intermediada com implementos enquanto a outra, não. Que estratégias foram criadas pelos alunos para conseguir atingir os objetivos propostos?
- Discuta com os alunos as dificuldades e possibilidades apresentadas por essa atividade.
- Qual a importância de respeitar o outro ao longo da atividade? Quem está em desvantagem na atividade? Por quê?

Atividade 3: Sumô com prendedor

Materiais

Prendedores e giz para formar os círculos de enfrentamento das duplas.

Desenvolvimento

- Em duplas, em pé, um de frente para o outro.
- Os alunos deverão estar dentro dos círculos desenhados pelo professor, tal qual no sumô adaptado.
- Porém, cada aluno deverá ter também alguns prendedores espalhados pela região do tronco (entre quatro e oito prendedores, aproximadamente e de acordo com a disponibilidade).
- Dessa forma, há dois objetivos na atividade:
  - Empurrar a pessoa até que ela pise fora do espaço delimitado (ou apoie alguma parte do corpo no chão que não seja a sola dos pés/tênis).
  - Retirar o máximo possível de prendedores da outra pessoa.
- Assim, misturam-se duas ações diferentes: toque, proporcionado pelos prendedores e agarre, proporcionado pela vivência do sumô adaptado.
- Há um esquema de pontuação: cada prendedor vale 2 pontos para quem conseguir retirá-lo.
- No entanto, retirar o outro do círculo equivale a 10 pontos.
- Portanto, após um dos alunos da dupla sair do espaço ou encostar outra parte do corpo no chão que não seja os pés, a atividade é interrompida e somam-se os pontos.

- Exemplificando: um aluno retirou o outro do círculo, além de ter retirado dois prendedores do outro. Portanto, esse aluno somou 10 por ter retirado o outro do círculo mais quatro pontos por ter retirado dois prendedores, totalizando 14 pontos. No entanto, o outro aluno da dupla conseguiu retirar os oito prendedores do outro antes de pisar fora do círculo, somando, portanto, 16 pontos e ganhando o primeiro *round*.
- Depois de contados os pontos, os alunos voltam a se enfrentar.
- Após um determinado período, que pode variar, o professor pode diversificar as duplas, visando a uma maior interação entre os alunos.

Discussão

- Nessa atividade é preciso redobrar a atenção, pois existe uma complexidade maior de ações possíveis. Os alunos gostaram dessa atividade?
- Quais os pontos positivos e negativos?
- Por que podemos considerar esta atividade como sendo de dinâmica mista?
- A discussão deve pautar ainda questões de respeito aos outros e às regras da atividade, visando a contribuir para o processo de ensino e aprendizagem.

Atividade 4: Pesquisa

Professor, solicite aos alunos que pesquisem uma modalidade de luta conhecida que represente as mesmas orientações das ações mistas, ou seja, ações de toque e de agarre. O maior exemplo dessa modalidade é o MMA.

Questões para debate

1) Por que a modalidade pesquisada pode ser considerada mista?
2) Quais as principais regras dessa modalidade?
3) Explique um exemplo de ação de toque e de agarre existente nessa modalidade.

Atividade 5: Palavras cruzadas – lutas da escola[*]

Verticais:

1 Direto e Indireto, correspondem à ... das lutas da escola.
2 As ... são um dos princípios universais das lutas da escola.
3 Curta, média, longa e ... são as distâncias das lutas da escola.
4 Uma das distâncias das lutas da escola.
5 É um exemplo de ações esperadas de forma e demonstração existente em algumas modalidades, como o caratê.

---

[*] Em www.grupoa.com.br, acesse a página do livro por meio do campo de busca e clique em Conteúdo Online para acessar e imprimir esta atividade.

Horizontais:

6 É uma das duas ações possíveis ligadas às distâncias das lutas da escola.
7 Uma das duas formas de divisão das lutas da escola.
8 O ... é a ação ligada às práticas de média e longa distância.
9 O ... é um dos aspectos universais que caracterizam as lutas.
10 Um dos socos do boxe, muito utilizado para marcar a distância e encontrar o oponente.

Respostas: 1 – Intenção; 2 – Regras; 3 – Mista; 4 – Curta distância; 5 – Kata; 6 – Agarre; 7 – Ações esperadas; 8 – Toque; 9 – Enfrentamento; 10 – Jab

Atividade 6: Leitura: MMA, o esporte que mais cresce no mundo?

MMA são eventos de luta que misturam duas ou mais modalidades nas suas ações. Eles misturam diferentes modalidades de luta existem há muito tempo, porém, em sua forma esportivizada, eles têm se tornado mais populares nos últimos anos. Um dos responsáveis por essa popularização é o evento UFC, da sigla em inglês para *Ultimate Fighting Championship,* um dos eventos de MMA mais difundidos do mundo, havendo torcedores em diversos países. Os brasileiros costumam ser muito bons e sempre protagonizam grandes lutas.

Em sua história, os eventos de MMA surgiram dos antigos Vale Tudo, que visavam a comparar qual modalidade de luta era superior às demais. Para isso, lutadores de várias modalidades se enfrentavam em combates sem tempo e com poucas regras.

Nicholas Piccillo/iStock/Thinkstock

Atualmente, a história é bem diferente. Há diversas regras, duração dos combates, pausas, proteção, médicos atentos, árbitros qualificados, e, além disso, os lutadores são muito preparados. Não existe mais a ideia de comparar modalidades e sim é preciso conhecer diversas modalidades como judô, *jiu jitsu*, caratê, boxe, *muay thai*, *wrestling*, entre muitas outras, para ser bem-sucedido nestes eventos.

E por que não há mais comparação para saber qual é a melhor modalidade de luta? Porque não existe uma modalidade que é melhor do que as outras. Na verdade, cada modalidade apresenta características específicas e, mais do que comparar modalidades, é importante conhecê-las e respeitá-las.

Algumas pessoas não gostam de assistir aos eventos de MMA. Umas chegam até a considerar que essas práticas são violentas e deveriam ser proibidas; inclusive há leis em alguns estados e países que proíbem sua prática. Não podemos discutir sobre o gosto pessoal de cada um. Entretanto, o fato é que a modalidade está se tornando cada vez mais popular, aumentando o número de praticantes e expectadores e transformando-se em uma das modalidades mais difundidas dos últimos anos. Até onde o MMA pode chegar? Isso só o tempo poderá nos dizer...

Questões para debate

1) Para você, o MMA é um esporte violento ou não? Por quê?
2) Você já assistiu a alguma luta de MMA? Se sim, você gostou ou não? Se não, você teria vontade de assistir? Por quê?
3) Assista à uma luta de MMA e descreva: foram aplicados golpes de quais modalidades? Quais as distâncias vistas no livro que são consideradas nestes eventos?

Atividade 7: Aprofundando os conhecimentos: Júri simulado sobre o MMA

Como forma de aprofundar os conhecimentos e estimular a reflexão crítica, desenvolva em sua aula um júri simulado sobre o MMA.

- Os alunos deverão ser divididos em dois grupos: os defensores do MMA e os que não defendem essa prática. A divisão pode ser feita por votação ou seguindo o seu próprio critério.
- Um outro grupo de três alunos não deverá fazer parte de nenhum dos dois grupos, pois comporão o júri. A função deles será julgar ambas as argumentações. Esse trio deverá ser eleito pelos próprios alunos.
- Os grupos deverão inicialmente pesquisar informações de diferentes fontes sobre o MMA, desde aspectos históricos, como relação com a mídia, principais atletas, lesões, entre outras inúmeras questões.
- Deverá ocorrer a defesa e a acusação em caráter de argumentação, réplica e tréplica, na qual todos os alunos dos grupos deverão participar em pelo menos um momento.
- Ao final, o júri deverá decidir qual grupo foi o vencedor com base nas melhores argumentações e defesas de argumentações.

Dica de filme
Anderson Silva: como água

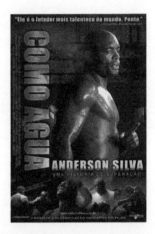

Este é um documentário que retrata a preparação e a luta de defesa de cinturão do lutador brasileiro Anderson Silva contra o norte-americano Chael Sonnen. Anderson Silva é um dos lutadores mais conhecidos do mundo e um grande nome do evento UFC *(Ultimate Fighting Championship)*. O filme retrata o equilíbrio e a habilidade do lutador brasileiro em um dos combates mais impressionantes que já ocorreram nesse grande evento de luta. Com cenas reais, é uma ótima opção para conhecer um pouco mais sobre os eventos de luta mista, também denominados de MMA.

Questões para debate

1) Qual a sua opinião sobre esses eventos de luta?
2) Quais das características abordadas neste livro sobre as lutas podemos observar no filme? Descreva algumas com exemplos.

16

Para finalizar

Consideramos que mais duas questões são importantes para a ampliação da compreensão das lutas da escola: o conceito de alvo e de plano. Explicaremos cada um deles a seguir.

Ao se analisarem as ações motoras, e não as modalidades, de maneira geral, um aspecto é muito importante: *o dinamismo dessas ações*. Ou seja, em uma mesma prática, seja de uma luta esportivizada ou de um dos jogos de luta apresentados anteriormente, há uma variabilidade muito grande de ações existentes.

Sendo assim, não podemos chegar e rotular uma determinada modalidade como sendo única e exclusivamente referente a uma determinada ação. Por exemplo, não é interessante rotular o judô como sendo uma modalidade de luta de agarre indireto, uma vez que objetiva-se encostar as costas do outro no chão a partir de determinadas projeções. Por quê? Pelo fato de existir nessa modalidade golpes de agarre direto, como chaves de braço.

Ou seja, as ações motoras das lutas são dinâmicas e variam de acordo com cada situação. A partir dessa consideração fundamental, podemos introduzir as explicações referentes aos conceitos dos alvos e dos planos que também auxiliarão na compreensão das lutas da escola.

O ALVO DAS LUTAS DA ESCOLA

Como vimos, *os alvos das lutas correspondem sempre ao corpo da outra pessoa* (ou parte desse corpo). Ou seja, os alvos referem-se a quem recebe as ações e representam o objetivo de realização das ações motoras. Esse alvo pode ser o objetivo final da ação, ou seja, o objetivo direto (p. ex., uma finalização), ou pode ser o meio para um outro fim, ou seja, objetivo indireto (p. ex., exclusão de um determinado espaço). No entanto, para efeito didático e melhor forma de compreender as lutas da escola, podemos dividir esse alvo (o corpo da outra pessoa) em três níveis: superior, médio e inferior.

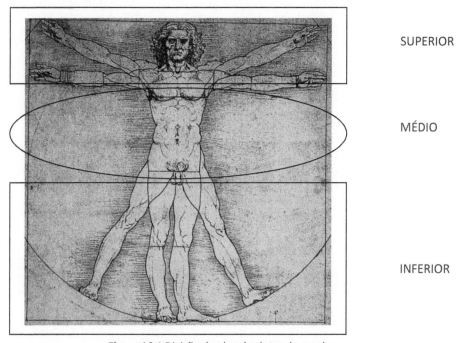

Figura 16.1 Divisão do alvo das lutas da escola.

Dessa forma, ao ensinar uma atividade referente às lutas da escola ou uma determinada ação motora especificamente, o professor pode utilizar a divisão do alvo para objetivar a proposta pretendida. Assim, em uma determinada atividade, o professor pode considerar que só vale golpes na parte média, ou seja, na região do tronco. Isso contribui para haver maior clareza nas ações didáticas, auxiliando com o processo de ensino e aprendizagem.

PLANOS DE AÇÃO DAS LUTAS DA ESCOLA

Outra consideração importante das lutas da escola está nos planos de realização das ações motoras. O que isso significa? Enquanto o alvo corresponde ao local de ação na outra pessoa (objetivo pretendido), *os planos se referem a quem realiza a ação*. Dessa forma, o alvo corresponde ao local onde a ação será realizada no outro, ao passo que o plano representa o local onde a pessoa que realiza a ação se encontra. Os planos podem ser divididos em quatro níveis: baixo, medial, alto e em suspensão.

Para melhor compreensão das questões de alvos e planos, observe as imagens a seguir:

Plano baixo: quem realiza a ação está bem próximo ao chão.

Plano medial: quem realiza a ação está em uma posição intermediária entre o chão e ficar em pé.

Plano alto: quem realiza a ação está em pé.

Plano em suspensão: quem realiza a ação está com os pés fora do chão.

Na compreensão dos planos, a característica mais importante é que deve ser sempre considerado quem realiza a ação, ou pelo menos quem estamos analisando na ação correspondente. Isso se deve ao fato de não necessariamente ambos os praticantes estarem no mesmo plano. Por exemplo, um pode estar no plano baixo, deitado no chão e o outro no plano alto, em pé. Que plano deveremos colocar? Depende de qual lutador estamos analisando.

Considera-se ainda que, como destacado, alvos e planos modificam-se constantemente ao longo das ações das lutas da escola. Cada ação em específico possui alvos e planos diferenciados. Ou seja, em uma luta de MMA assistida na televisão, por exemplo, com 5 minutos de duração por *round*, pode haver uma quantidade muito grande de alvos e planos de ação a ser analisada. Na verdade em cada ação há um alvo e um plano envolvido.

Da mesma maneira que a concepção de alvos, as características de planos auxiliam didaticamente no ensino das lutas da escola. É possível que o professor possa caracterizar determinada proposta de atividade a partir dos planos envolvidos, auxiliando na compreensão dos alunos e no enriquecimento da prática.

RESUMINDO

Após construirmos os conceitos referentes às lutas da escola – muitas vezes utilizando como estratégias didáticas os jogos de luta –, nossa classificação final ficou da seguinte forma, representada pela imagem na Figura 16.2.

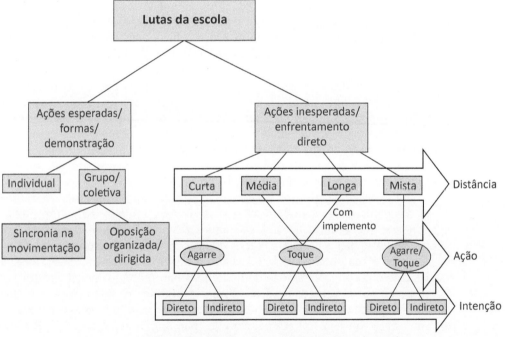

Figura 16.2 Classificação completa das lutas da escola.

Podemos definir então que as lutas, na perspectiva apresentada aqui são práticas motrizes que podem ser distinguidas pelo nível de imprevisibilidade das suas ações. Quanto mais essas ações são esperadas, previsíveis e planejadas, mais elas se enquadram na classificação das formas, ou movimentos coreografados. Quanto mais inesperadas e imprevisíveis são estas ações, elas podem ser classificadas como ações de enfrentamento direto, sendo mais inesperadas.

As ações esperadas podem ser divididas em duas categorias: aquelas realizadas individualmente e aquelas realizadas em grupo/coletiva. Dentro do grupo de ações esperadas em grupo/coletiva há uma subdivisão, uma vez que elas podem ser de simulação com sincronia de movimentos, quando todos os envolvidos realizam as mesmas ações ou de oposição organizada/planejada, quando há oposição entre os envolvidos, porém, de uma forma combinada, esperada, articulada.

Com relação às ações inesperadas, elas se desenvolvem em tempos e espaços bem definidos, porém, mais imprevisíveis. Os espaços podem ser classificados de acordo com a distância das ações, ou seja: curta, média, longa e mista (quando há a combinação de duas ou mais ações).

As ações dadas nas diferentes técnicas motoras podem ser de agarre, no caso das ações de curta distância, e de toque, no caso das ações de média e longa distância. Entretanto, nas ações de longa distância esse toque é intermediado por algum implemento. Há ainda as ações de agarre/toque, no caso das práticas de distância mista, que misturam ações de toque e de agarre, podendo ser de curta, média e longa distância.

Além disso, as ações variam de acordo com diferentes intencionalidades, definidas como diretas e indiretas. As ações diretas são aquelas em que o outro é o fim, ou seja, de acordo com diferentes técnicas e/ou ações motoras, objetiva-se acertar o outro, atingir, golpear, submeter, entre outras. As ações indiretas são aquelas nas quais se utiliza o outro como meio para se atingir outros fins, os quais podem ser a exclusão do espaço, o nocaute, o encostar de alguma parte do corpo do oponente no chão, entre outros.

Percebe-se que, independentemente das ações serem diretas ou indiretas, o "alvo" é sempre o outro, ou seja, é personificado no oponente. Esse "alvo", compreendido como o corpo do oponente, é caracterizado por quem **recebe** a ação, e pode ser dividido em três diferentes níveis: inferior (representado pelas pernas até a linha da cintura), médio (linha da cintura até abaixo do pescoço do oponente e braços, quando se encontrarem abaixados) e superior (representado pela cabeça, pescoço e ombros e braços, quando se encontrarem levantados).

Além disso, existem os planos de ação que representam os diferentes níveis das quais as ações podem ser realizadas. Se enquanto o alvo representa o oponente que **recebe** a ação, os planos de ação baseiam-se sempre em quem **faz** (executa) a ação. Os planos de ação variam em quatro formas: baixo (quando a ação é executada no chão ou muito próxima do chão), medial (ações com o corpo agachado, ajoelhado, mas não rente ao chão), alto (quando as ações são executadas em pé, corpo levantado) e, finalmente, em suspensão que, como o próprio nome designa, representa as ações executadas em suspensão, ou seja, com os pés fora do chão.

Dessa forma, categorizamos e classificamos as lutas da escola, consideradas aqui como ações motoras existentes que podem ser ensinadas por meio de estratégias relacionadas aos jogos de luta.

Conclusão

Apresentamos ao longo deste livro algumas concepções sobre como proporcionar o ensino das lutas da escola. Para isso, construímos um conceito relacionado a essas práticas pertencentes à esfera da cultura corporal.

Foi necessário analisar estudos de diferentes áreas como a praxiologia motriz, pesquisas sobre lutas e artes marciais, educação física escolar, pedagogia do esporte, entre outras, visando a compreender de maneira mais ampla e crítica o ensino desses conteúdos ligados à cultura corporal na escola durante as aulas de educação física.

Além disso, houve muitos debates e reflexões entre todos os que, de alguma maneira, contribuíram com a construção desse livro. Nesse ensejo, a implementação das atividades durante aulas de educação física em diferentes escolas foi fundamental para a concretização das atividades que fazem parte do material.

A partir dessa compreensão, elaboramos uma série de propostas de atividades e vivências pautadas nas reflexões realizadas e nas dimensões dos conteúdos para o ensino das lutas da escola. Ressaltamos que estas são apenas algumas propostas dentro de inúmeras outras que podem ser criadas e desenvolvidas pelos professores e alunos ao longo da prática pedagógica.

A proposta de construção coletiva de uma possibilidade de pensar e implementar as lutas da escola não busca a prescrição de "receitas prontas" para todos os professores. O objetivo foi justamente contribuir com subsídios para que os professores pudessem compreender de maneira mais ampla e aprofundada as lutas e, a partir disso, que eles fossem capazes de criar e elaborar outras formas de intervenção durante a prática pedagógica. Isso se deve ao fato de não ser possível que o processo criativo seja realizado a partir "do nada", e, como vimos, há ainda dificuldades na inserção do conteúdo das lutas nas aulas de educação física, por uma série de razões que vão desde preconceito com esses conteúdos, até inconsistências no ensino das lutas nos cursos de formação inicial de professores, entre inúmeras outras razões.

Pautados na perspectiva apresentada por Bracht (2007, p. 147) de que uma teoria pedagógica não pode apresentar "[...] um conjunto de prescrições de como agir, do mesmo modo como um prospecto indica os passos de montagem de uma mesa ou de uma máquina [...]", acreditamos que este livro possa ser utilizado criticamente pelos professores como forma de enriquecimento de sua prática.

Este livro, por sua vez, pode contribuir para o enriquecimento da relação pedagógica entre os sujeitos do processo educativo no que corresponde o ensino das lutas da escola. Ressaltamos, no entanto, que, como material didático, são os usos que fazemos dos livros que podem representar sua efetividade durante os processos de ensino e aprendizagem. Retomamos mais uma vez a afirmação de González (2011), que, ao questionar se os livros didáticos formam, transformam ou deformam, conclui que esses materiais não são capazes de realizar nem uma coisa nem outra. Os usos que fazemos deles, talvez.

Portanto, esperamos que os usos realizados com este livro possam auxiliar professores e alunos na compreensão e na valorização das lutas da escola, vivenciando práticas, discutindo conceitos, proporcionando atitudes, enfim, possibilitando a apropriação crítica desse importante conteúdo da cultura corporal. Além disso, esperamos que os professores que efetivamente estão intervindo durante a prática pedagógica possam se sentir mais seguros e, principalmente, que sejam considerados também como tendo papel fundamental para a construção de propostas críticas, criativas e transformadoras.

Este material não está acabado e deve ser ressignificado a cada instante por todos os "atores" do processo educativo. Tal qual o prefácio desta obra, que afirma que, "[...] se quiser ir rápido, vá sozinho; se quiser ir longe, vá com alguém [...]", acreditamos que o "caminho" em uma perspectiva coletiva, participativa e dialógica pode contribuir para o desenvolvimento da educação física escolar, de modo específico, e da educação como um todo, de modo geral, desde que pautados pela ótica da alteridade.

Portanto, a partir do que aqui foi apresentado, é possível ressignificar, transformar e criar outras formas de ensino das lutas da escola. Se isso acontecer, grande parte dos objetivos desse material podem ser considerados cumpridos. Que as lutas possam ser inseridas na escola em uma perspectiva crítica, reflexiva e dialógica e que os professores possam ser considerados, juntamente com os alunos, atores protagonistas da prática pedagógica, contribuindo para o desenvolvimento dos processos de ensino e aprendizagem, bem como com a ampliação das visões de mundo.

Referências

ACRE. Secretaria de Estado de Educação. *Orientações curriculares para o ensino fundamental*: educação física. Rio Branco, 2010. (Série Cadernos de Orientação Curricular, n. 1).

ALAGOAS. Secretaria de Estado de Educação e do Esporte. *Referencial curricular da educação básica para as escolas públicas de Alagoas*. Maceió, 2010.

ALVES, R. *A escola que sempre sonhei sem imaginar que pudesse existir*. Campinas: Papirus, 2001.

ALVES, R. *O desejo de ensinar e a arte de aprender*. Campinas: Fundação Educar Dpaschoal, 2004.

BARROS, A. M.; GABRIEL, R. Z. Lutas. In: DARIDO, S. C. (Org.). *Educação física escolar*: compartilhando experiências. São Paulo: Phorte, 2011.

BENTO, J. O. *Da coragem, do orgulho e da paixão de ser professor*: auto-retrato. Belo Horizonte: Casa da Educação Física, 2008.

BETTI, M. *Educação física escolar*: ensino e pesquisa-ação. Ijuí: Unijuí, 2009.

BRACHT, V. *Educação física e ciência*: cenas de um casamento (in)feliz. Ijuí: Unijuí, 2007.

BRASIL. Ministério da Educação e do Desporto. *Parâmetros curriculares nacionais*. Brasília, DF: Secretaria de Educação Média e Tecnológica, 2000.

BRASIL. Ministério da Educação e do Desporto. Secretaria de Educação Fundamental. *Parâmetros curriculares nacionais*: educação física, 3° e 4° ciclos. Brasília, DF, 1998. v. 7.

BREDA, M. et al. *Pedagogia do esporte aplicada às lutas*. São Paulo: Phorte, 2010.

CAMPOS, H. *Capoeira na universidade*: uma trajetória de resistência. Salvador: SCT; EDUFBA, 2001.

CARREIRO, E. A. Lutas. In: DARIDO, S. C.; RANGEL, I. C. A. *Educação física na escola*: implicações para a prática pedagógica. Rio de Janeiro: Guanabara Koogan, 2005.

CEARÁ. Secretaria da Educação. *Linguagens, códigos e suas tecnologias*. Fortaleza, 2008. (Coleção Escola Aprende).

COLL, C. et al. *Os conteúdos na reforma*. Porto Alegre: Artmed, 2000.

CORREIA, W. R.; FRANCHINI, E. Produção acadêmica em lutas, artes marciais e esportes de combate. *Motriz*, Rio Claro, v. 16, n. 1, p. 1-9, 2010.

DAÓLIO, J.; VELOZO, E. L. A técnica esportiva como construção cultural: implicações para a pedagogia do esporte. *Pensar a Prática*, Goiânia, v. 11, n. 1, p. 9-16, jan./jul. 2008.

DARIDO, S. C. et al. Livro didático na educação física escolar: considerações iniciais. *Motriz*, Rio Claro, v. 16, n. 2, p. 450-457, abr./jun. 2010.

DARIDO, S. C.; RANGEL, I. C. A. *Educação física na escola*: implicações para a prática pedagógica. Rio de Janeiro: Guanabara Koogan, 2005.

DARIDO, S. C.; SOUZA JÚNIOR, O. M. *Para ensinar educação física*: possibilidades de intervenção na escola. Campinas: Papirus, 2007.

DEL VECCHIO, F. B.; FRANCHINI, E. Lutas, artes marciais e esportes de combate: possibilidades, experiências e abordagens no currículo da educação física. In: SOUZA NETO, S.; HUNGER, D. *Formação profissional em educação física*: estudos e pesquisas. Rio Claro: Biblioética, 2006.

DISTRITO FEDERAL. Secretaria de Estado de Educação. *Currículo educação básica*: ensino fundamental: séries anos finais. Brasília, DF, 2010.

206 Referências

ESPARTERO, J. Aproximación histórico-conceptual a los deportes de lucha. In: VILLAMÓN, M. *Introducción al judo*. Barcelona: Editorial Hispano Europea, 1999.

ESPÍRITO SANTO. Secretaria da Educação. *Currículo básico escola estadual*: guia de implementação. Vitória, 2009.

FALCÃO, J. L. C. *O jogo da capoeira em jogo e a construção da práxis capoeirana*. 2004. Tese (Doutorado)–Faculdade de Educação, Universidade Federal da Bahia, Salvador, 2004.

FORQUIN, J. C. *Escola e cultura*: as bases sociais e epistemológicas do conhecimento escolar. Porto Alegre: Artes Médicas, 1993.

FRANGIOTI, P. C. *O livro didático na educação física escolar*. 2004. 50 f. Monografia (Licenciatura Plena em Educação Física) – Centro de Ciências Biológicas e da Saúde, Universidade Federal de São Carlos, São Carlos, 2004.

FREIRE, J. B. *O jogo*: entre o riso e o choro. Campinas: Autores Associados, 2005.

FREIRE, J. B.; SCAGLIA, A. J. *Educação como prática corporal*. São Paulo: Scipione, 2004.

FREIRE, P. *Pedagogia da autonomia*: saberes necessários à prática educativa. São Paulo: Paz e Terra, 1996.

GASPARI, T. C. et al. A realidade dos professores de educação física na escola: suas dificuldades e sugestões. *Revista Mineira de Educação Física*, Viçosa, v. 14, n. 1, p. 109-137, 2006.

GIMENO SACRISTÁN, J. *O currículo*: uma reflexão sobre a prática. Porto Alegre: Artmed, 2000.

GLOBOESPORTE.COM. *Anderson Silva visita tribo no Xingu, luta com índios e aprende técnicas*. São Paulo: Globo, 2012. Disponível em: <http://globoesporte.globo.com/programas/esporte-espetacular/noticia/2012/02/anderson-silva-visita-tribo-no-xingu-luta-com-indios-e-aprende-tecnicas.html>. Acesso em: 1 fev. 2015.

GOIÁS. Secretaria do Estado da Educação. *Reorientação curricular do 1º ao 9º ano*: currículo em debate: matrizes curriculares. Goiânia, 2009.

GOMES, M. S. P. *Procedimentos pedagógicos para o ensino das lutas*: contextos e possibilidades. 2008. 139 f. Dissertação (Mestrado em Educação Física)–Faculdade de Educação Física, Universidade Estadual de Campinas, Campinas, 2008.

GONÇALVES JÚNIOR, L. Dialogando sobre a capoeira: possibilidades de intervenção a partir da motricidade humana. *Motriz*, Rio Claro, v. 15, n. 3, p. 700-707, jul./set. 2009.

GONZÁLEZ, F. J. Propostas curriculares, materiais didáticos e tecnologias educacionais: possibilidades e limites. *Motriz*, Rio Claro, v. 17, n. 1, p. S2, 2011. Suplemento 1.

GONZALEZ, F. J. Sistema de classificação de esportes com base nos critérios: cooperação, interação com o adversário, ambiente, desempenho comparado e objetivos táticos da ação. *Efdeportes*, Buenos Aires, ano 10, n. 71, 2004. Disponível em: <http://www.efdeportes.com/efd71/esportes.htm>. Acesso em: 14 jan. 2012.

GOULART, L. F. *Mestre Bimba, a capoeira iluminada*. Bahia: Lumen Produções, 2005.

HENARES, D. A. *Deportes de lucha*. Barcelona: Inde, 2000.

HUIZINGA, J. *Homo ludens*: o jogo como elemento da cultura. São Paulo: Perspectiva, 1971.

KOZUB, F. M.; KOZUB, M. L. Teaching combative sports through tactics: the tactical game approach can enhance the teaching of some martial arts by emphasizing their similarities to one another and to wrestling. *Journal of Physical Education, Recreation & Dance*, Reston, v. 75, n. 1, p. 1-7, 2004.

KUNZ, E. *Transformação didático-pedagógica do esporte*. Ijuí: Unijuí, 1994.

LEE, B. *O Tao do Jeet Kune do*. São Paulo: Conrad, 2003.

MAIS EQUILÍBRIO. *Body combat*: um grande sucesso das academias. [S.l.]: Mais Equilíbrio, c2015. Disponível em: <http://maisequilibrio.com.br/fitness/body-combat-3-1-2-68.html>. Acesso em: 1 fev. 2015.

MARANHÃO. Secretaria de Estado da Educação. *Referencial curricular educação física*: 1º ao 9º ano: ensino fundamental. São Luís, 2009.

MATO GROSSO DO SUL. Secretaria de Estado da Educação. *Referencial curricular da educação básica da rede estadual de ensino/MS*: ensino fundamental. Campo Grande, 2007.

MAURI, T. O que faz com que o aluno e a aluna aprendam os conteúdos escolares? In: COLL, C. et al. *O construtivismo em sala de aula*. São Paulo: Ática, 2001. cap. 4.

MINAS GERAIS. Secretaria de Estado da Educação. *Proposta curricular CBC de educação física*. Belo Horizonte, 2009.

NAKAMOTO, H. O.; AMARAL, S. C. F. A luta como prática de lazer. In: SEMINÁRIO O LAZER EM DEBATE, 1., 2008, São Paulo. *Anais...* São Paulo: USP, 2008. CD ROM. Disponível em: <http://www.uspleste.usp.br/eventos/lazer-debate/anais-henrique-silvia.pdf.pdf>. Acesso em: 14 jan. 2010.

NAKAMOTO, H. O. et al. Ensino de lutas: fundamentos para uma proposta sistematizada a partir dos estudos de Claude Bayer. In: CONGRESSO CIENTÍFICO LATINO-AMERICANO DE EDUCAÇÃO FÍSICA DA UNIMEP, 3., 2004, Piracicaba. *Anais...* Piracicaba: UNIMEP, 2004. CD ROM.

OLIVEIRA, A. L. Jogos/brincadeiras de lutas: as culturas corporais na formação de professores de educação física. In: COLÓQUIO DE PESQUISA QUALITATIVA EM MOTRICIDADE HUMANA: AS LUTAS NO CONTEXTO DA MOTRICIDADE, 4., 2009, São Carlos. *Anais...* São Carlos: UFSCar, 2009. p. 148-171. CD ROM.

OLIVEIRA, J. P. E.; LEAL, L. A. P. *Capoeira, identidade e gênero*: ensaios sobre a história social da capoeira no Brasil. Salvador: EDUFBA, 2009.

OLIVIER, C. *Das brigas aos jogos com regras*: enfrentando a indisciplina na escola. Porto Alegre: Artmed, 2000.

PAES, R. R. Pedagogia do esporte: contextos, evolução e perspectivas. *Revista Brasileira de Educação Física e Esporte*, São Paulo, v. 20, n. 5, p. 171, set. 2006.

PARANÁ. Secretaria de Estado da Educação. *Diretrizes curriculares da educação básica*: educação física. Paraná, 2008.

PARLEBAS, P. *Elementos de sociología del deporte*. Málaga: Unisport, 1981.

PARLEBAS, P. *Juego deporte y sociedad*: léxico de praxiología motriz. Barcelona: Paidotribo, 2001.

PEREIRA, F. M.; SILVA, A. C. Sobre os conteúdos da educação física no ensino médio em diferentes redes educacionais do Rio Grande do Sul. *Revista da Educação Física*, Maringá, v. 15, n. 2, p. 67-77, 2004.

PERNAMBUCO. Secretaria de Educação. *Orientações teórico-metodológicas*: ensino fundamental, educação física. Recife, 2008.

PUCINELI, F. A. *Sobre luta, arte marcial e esporte de combate*: diálogos. 2004. 50 f. Monografia (Licenciatura em Educação Física)–Faculdade de Educação Física, Universidade Estadual de Campinas, Campinas, 2004.

RAMIREZ, F. A.; DOPICO, J. A.; IGLESIAS, E. Requerimientos motrices de la lucha leonesa. Consideraciones generales sobre el proceso de enseñanza-aprendizaje. In: RODRIGUEZ, C. L. *El entrenamiento en los deportes de lucha*. León: Federación Territorial de Lucha, 2000.

REID, H.; CROUCHER, M. *O caminho do guerreiro*: o paradoxo das artes marciais. São Paulo: Cultrix, 1983.

RIO DE JANEIRO (Estado). Secretaria de Estado da Educação. *Proposta curricular*: um novo formato: educação física. Rio de Janeiro, 2010.

RIO GRANDE DO SUL. Secretaria de Estado da Educação. *Lições do Rio Grande*: linguagens, códigos e suas tecnologias: artes e educação física. Porto Alegre, 2009. (Referencial Curricular, v. 2).

RODRIGUES, H. A. *Basquetebol na escola*: construção, avaliação e aplicabilidade de um livro didático. 2009. 183 f. Dissertação (Mestrado em Ciências da Motricidade)–Instituto de Biociências, Universidade Estadual Paulista, Rio Claro, 2009.

RODRIGUES, H. A.; DARIDO, S. C. A técnica esportiva em aulas de educação física: um olhar sobre as tendências sócio-culturais. *Movimento*, Porto Alegre, v. 14, n. 2, p. 137-154, maio/ago. 2008.

RONDÔNIA. Secretaria de Estado da Educação. *Referencial curricular do estado de Rondônia*: educação física. Porto Velho, 2010.

ROSÁRIO, L. F. R.; DARIDO, S. C. A sistematização dos conteúdos da educação física na escola: a perspectiva dos professores experientes. *Motriz*, Rio Claro, v. 11, n. 3, p. 167-178, set./dez. 2005.

RUFINO, L. G. B.; DARIDO, S. C. A separação dos conteúdos das "lutas" dos "esportes" na educação física escolar: necessidade ou tradição? *Pensar a Prática*, Goiânia, v. 14, n. 3, p. 117, set./dez. 2011.

SANTA CATARINA. Secretaria de Estado da Educação e do Desporto. *Proposta curricular de Santa Catarina*: educação infantil, ensino fundamental e médio: disciplinas curriculares. Florianópolis: COGEN, 1998.

SÃO PAULO (Estado). Secretaria de Educação do Estado de São Paulo. *Proposta curricular de educação física*. São Paulo: SEE, 2008.

SCAGLIA, A. J. Jogo e educação física: por quê? In: MOREIRA, W. W.; SIMÕES, R. (Org.). *Educação física*: intervenção e conhecimento científico. Piracicaba: Unimep, 2004.

SERGIPE. Secretaria de Estado da Educação. *Referencial curricular*. Aracaju: Rede Estadual de Ensino de Sergipe, 2010.

SILVA, E. L. *O corpo na capoeira*: introdução ao estudo do corpo na capoeira. São Paulo: UNICAMP, 2008. v. 1.

SILVA, G. O.; HEINE, V. *Capoeira*: um instrumento psicomotor para a cidadania. São Paulo: Phorte, 2008.

SILVA, L. M. F.; DARIDO, S. C. A capoeira na educação física escolar: análise de algumas propostas curriculares estaduais brasileiras. In: CONGRESSO NORTE PARANAENSE DE EDUCAÇÃO FÍSICA ESCOLAR – CONPEF, 5., 2011, Londrina. *Anais...* Londrina: UEL, 2011. CD ROM.

SILVA, L. M. F.; GONZALEZ, R. H. A capoeira e a teoria da autodeterminação. *Lecturas Educación Física y Deportes*, Buenos Aires, v. 15, n. 150, nov. 2010. Disponível em: <http://www.efdeportes.com/efd150/a-capoeira-e-a-teoria-da-autodeterminacao.htm>. Acesso em: 9 nov. 2011.

SOARES, C. L. Educação física escolar: conhecimento e especificidade. *Revista Paulista de Educação Física*, p. 6-12, 1996. Suplemento 2.

SOARES, C. L. et al. *Metodologia do ensino da educação física*. São Paulo: Cortez, 1992.

SOLÉ, I. Disponibilidade para a aprendizagem e sentido da aprendizagem. In: COLL, C. et al. *O construtivismo em sala de aula*. São Paulo: Ática, 2001.

SOLÉ, I.; COLL, C. Os professores e a concepção construtivista. In: COLL, C. et al. *O construtivismo em sala de aula*. São Paulo: Ática, 2001.

STIGGER, M. P. *Educação física, esporte e diversidade*. Campinas: Autores Associados, 2005.

VIEIRA, L. R.; ASSUNÇÃO, M. R. Os desafios contemporâneos da capoeira. *Revista Textos do Brasil*, Brasília, DF, n. 14, p. 9-19, 2009.

208 Referências

ZABALA, A. *A prática educativa*: como ensinar. Porto Alegre: Artmed, 1998.
ZABALA, A. Os enfoques didáticos. In: COLL, C. et al. *O construtivismo em sala de aula*. São Paulo: Ática, 2001.

Leituras recomendadas

ARROYO, M. G. Experiências de inovação educativa: o currículo na prática da escola. In: MOREIRA, A. F. B. (Org.). *Currículo*: políticas e práticas. Campinas: Papirus, 2001.
BERTAZZOLI, B. F.; ALVES, D. A.; AMARAL, S. C. F. Uma abordagem pedagógica para a capoeira. *Movimento*, Porto Alegre, v. 14, n. 2, p. 207-229, maio/ago. 2008.
BETTI, M. Educação física como prática científica e prática pedagógica: reflexões à luz da filosofia da ciência. *Revista Brasileira de Educação Física e Esporte*, São Paulo, v. 19, n. 3, p. 183-197, 2005.
BETTI, M.; ZULIANI, L. R. Educação física escolar: uma proposta de diretrizes pedagógicas. *Revista Mackenzie de Educação Física e Esporte*, São Paulo, v. 1, n. 1, p. 73-81, 2002.
BRACHT, V. et al. A prática pedagógica em educação física: a mudança a partir da pesquisa-ação. *Revista Brasileira de Ciências do Esporte*, Campinas, v. 23, n. 2, p. 9-29, jan. 2002.
CAPARROZ, F. E. Discurso e prática pedagógica: elementos para refletir sobre a complexa teia que envolve a educação física na dinâmica escolar. In: CAPARROZ, F. E. (Org.). *Educação física escolar*: política, investigação e intervenção. Vitória: Proteoria, 2001.
CORREIA, W. R. Lutas e artes marciais na escola: questões insólitas. In: IV COLÓQUIO DE PESQUISA QUALITATIVA EM MOTRICIDADE HUMANA, 4., 2009, São Carlos. *Anais...* São Carlos: UFSCar, 2009. CD ROM.
DARIDO, S. C. *Educação física na escola*: questões e reflexões. Rio de Janeiro: Guanabara Koogan, 2003.
DARIDO, S. C.; GALVÃO, Z. Temas transversais e programas de iniciação esportiva: possibilidades pedagógicas. In: SESI. *Programa SESI atleta do futuro*: perspectiva da inclusão e diversidade na aprendizagem esportiva. São Paulo: SESI, 2006. p. 37-52.
DARIDO, S. C.; SANCHES NETO, L. O contexto da educação física na escola. In: DARIDO, S. C.; RANGEL, I. C. A. *Educação física na escola*: implicações para a prática pedagógica. Rio de Janeiro: Guanabara Koogan, 2005.
ESCOBAR, M. O. *Transformação da didática*: construção da teoria pedagógica como categorias da prática pedagógica. Experiência na disciplina escolar educação física. 1997. 195 f. Tese (Doutorado em Educação)– Faculdade de Educação, Universidade Estadual de Campinas, Campinas, 1997.
GANZELI, P. *Reinventando a escola pública por nós mesmos*. Campinas: Alínea, 2011.
GONZÁLEZ, F. J.; FENSTERSEIFER, P. E. Entre o "não mais" e o "ainda não": pensando saídas para o não-lugar da EF Escolar I. *Cadernos de Formação RBCE*, Florianópolis, v. 1, n. 1, p. 9-24, set. 2009.
GONZÁLEZ, F. J.; FENSTERSEIFER, P. E. Entre o "não mais" e o "ainda não": pensando saídas para o não-lugar da EF Escolar II. *Cadernos de Formação RBCE*, Florianópolis, v. 1, n. 2, p. 10-21, mar. 2010.
IMPOLCETTO, F. M. et al. Educação física no ensino fundamental e médio: a sistematização dos conteúdos na perspectiva de docentes universitários. *Revista Mackenzie de Educação Física e Esporte*, Barueri, v. 6, n. 1, p. 89-109, 2007.
MARCELLINO, N. C. *Pedagogia da animação*. Campinas: Papirus, 1989.
MOREIRA, W. W.; SIMÕES, R.; MARTINS, I. C. *Aulas de educação física no ensino médio*. Campinas: Papirus, 2010.
MORIN, A. *Pesquisa-ação integral e sistêmica*: uma antropopedagogia renovada. Rio de Janeiro: DP&A, 2004.
MOUNIER, E. *O personalismo*. Lisboa: Martins Fontes, 1976.
PEREIRA, J. E. D. A pesquisa dos educadores como estratégia para construção de modelos críticos de formação docente. In: PEREIRA, J. E. D.; ZEICHNER, K. M. (Org.). *A pesquisa na formação e no trabalho docente*. Belo Horizonte: Autêntica, 2002.
SOUZA, S. A. R.; OLIVEIRA, A. B. O. Estruturação da capoeira como conteúdo da educação física no ensino fundamental e médio. *Revista da Educação Física/UEM*, Maringá, v. 12, n. 2, p. 43-50, 2001.
STEIN, E. *Epistemologia e crítica da modernidade*. Ijuí: Unijuí, 1991.